나답게 살기 위한
61세 독립선언서

나, 밥 안 할래!

나답게 살기 위한
61세 독립선언서

나, 밥 안 할래!

김희숙 지음

아미북스

prologue

마지막
퇴근은 즐겁게

"굿바이!"

국어교사로 지낸 33년을 며칠 사이에 마무리 짓고 있었다. 건강검진에서 발견된 암을 수술하기로 날짜를 잡아놓았기 때문에 마음이 급했다. 마침 명예퇴직 신청 기간이 다가와 서류를 준비해놓고 제출을 부탁했다. 마무리를 위해 해야 할 것들이 너무 많았다. 암에 대한 공부는 물론 수술과 치료 등 수많은 선택을 해야 했다. 또 보험과 보장 내역을 확인해야 했고, 업무도 인수인계해야 했다. 모두 잘하고 싶었다.

그때까지만 해도 나는 내가 해결사인 줄 알았다. 판단은 빠르고 정확하게, 실행은 신속, 깔끔하게 마무리해야 했다. 나에게 더 이상의 기회가 없을지도 모르니까.

교사로 지낸 시간 동안 아이들은 예뻤고 나는 즐거웠다. 대부분은. 마지막 수업에 들어가서 아이들을 하나하나 눈에 담으며 인사했다. 늘 명랑한 나는 짧고 간결하게 내가 떠나는 이유를 설명하고 그 아이들이 정말 잘되기를 바라는 마음을 전했다. 그리고 나오며 말했다.

"괜찮아."

하지만 정작 괜찮지 않은 것은 짐 정리였다. 이 학교 저 학교로 전근을 다니면서도 끌고 다닌 잡다한 것들과 책과 자료, 아이들의 흔적들……. 그동안 집에서는 미니멀리즘이라고 버리고 또 버리고 나누고 했었는데, 교무실 사무용 장에는 오랜 기간의 흔적들이 소화가 안 될 만큼 그득했다. 나는 그 짐들을 사람들이 모두 퇴근한 후 정리하느라고 며칠을 텅 빈 교무실에 늦도록 있었다. 집으로 가져갈 것을 조금 챙기고는 엄청난 양의 짐을 거의 버려야 했다. 무엇이든 결국 마음과 기억에만 남는 것이었는데.

암 수술을 받고 난 직후, 아이들에게 다시 생생한 모습으로 인사를 하러 갔다. 학생들과 즐겁게 지냈던 날들처럼 이제, 스스로 행복한 일을 찾아야 했다. 수술과 항암을 후딱 해치우고 나서 갑자기 내 앞에 주어진 시간을 벅차게 바라보다가 일어서서 '내가 재미있는 시간'을 보내기로 했다. 이제 시작인가? 직장을 다니면서 가족이 생기고 그 안에서 소용돌이쳤던 세월이 끝나 오롯한 나 자신만의 삶으로 독립선언을 하는 것만 같았다. 나는 나의 독립선언서와 함께 신나게 펼쳐지는 '내가 재미있는 시간'에 대해 쓰기 시작했다.

그날, 직장생활을 마무리하던 날, 모든 물건을 정리하고, 책상을 깨끗이 닦은 후, 불을 끄고 교무실 문을 나섰다.

"마지막 퇴근이야. 가자!"

그러고는 알 수 없는 새로운 세계로 첫발을 내디뎠다.

차례

prologue
마지막 퇴근은 즐겁게					5

Chapter 01 독립하기에 너무 늦은 건 없어

독립선언서, 이제야 '나'로 살기로 했다			15
나, 밥 안 할래!					18
수세미를 곱게 발음할 수 없는 이유			24
내가 원했으니까 소원은 다 이룬 셈이야			26
나는 아미다					29
언제나 배낭 하나					32

라라조이의 언어사전 01 _ 밥				34

Chapter 02 나, 원래 이런 사람이야

완벽한 피닉스가 되다	39
남산에서 내려가는 길	44
의도치 않은 아버지의 조기 교육	49
저마다의 시간은 다르게 흐른다	54
공포의 장보기	58
마음이 가도 1센티미터 앞까지만	63
경주마처럼 눈가리개를 해야 하는 순간	65
인공지능 서비스, 아리를 아세요?	71
써브웨이 주문, 떨 거 없어	78
딴 남자와 잠들기	83
멈추고 나면 비로소 보이는 것	87
뜬금없이 하게 된 똥에 대한 고찰	92
나의 소년에게	96
라라조이의 언어사전 02 _ 똥	98

Chapter 03 행복했으니까, 독립할 수 있는 거야

딱 좋은 온도	103
길을 잃거나 잊거나	106
엄마를 위한 자리	109
아버지의 파란 대문	111
엄마 나무	115
'시작'은 언제나 위대하다	118
아직은 때가 아닌가 봐	121
넌 내게 너무 중독적이야	125
늘 제자리를 지키고 있다는 것	129
라라조이의 언어사전 03 _ 꿈	132

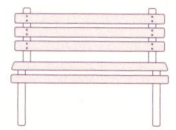

Chapter 04 흥나게 살기에도 시간이 부족해

포르투, 절로 흥이 나는 버스킹의 성지	137
개의 행복	141
누구의 마음도 잠가둘 수 없지만	145
나의 최애템	148
달과 태양, 우주와 하나 된 날	152
그 많은 꽃은 누가 다 가져갔을까?	156
언어유희	158
고해소 앞에서 만난 평화	163
되돌아가지 않을 길	166
나선형 통로에서	171
재밌잖아, 나도 할래	174
라라조이의 언어사전 04 _ 길	180

epilogue
부치지 않은 다섯 통의 편지   182

Chapter 01

독립하기에 너무 늦은 건 없어

독립선언서,
이제야 '나'로 살기로 했다

어린 시절, 나는 빨간 머리 앤처럼 씩씩한 내가 좋았다. 청소년기, 감수성 터지는 내가 좋았다. 청년 시절, 꿈을 꾸고 기대하고 또 사랑하는 내가 좋았다. 중년 시절, 나이 들어 멋있고 가진 게 많은 내가 좋았다.

부모, 남편, 자식, 그것에 딸린 기쁨과 걱정들, 일, 육아, 살림, 정신없음, 질병, 우울, 미래, 꿈…….

61세, 이제 버릴 게 많은 지금 내 몸이 홀가분하여 좋다.

원래 나는 은퇴 후에 오롯이 독립해야 한다고 생각했다. 주변 사람들에게 특히 가족에게 심리적으로나 실질적으로 의존하고 싶지 않았기 때문이다. 생각보다 그 시기가 빨라졌고, 독립하기 위해 수많은 관계 속에서 중심을 잡아야 했다. 그래서 나는 썼다. 나의 '독립선언서'를.

이렇게 비로소 내 인생의 첫 독립을 하게 되었다.

독립선언서

하나, 나는 선언한다.
지금부터 난, 내 의지대로 선택, 결정하고 살아간다.

둘, 자식은 놓는다.
내게 태어났다는 이유만으로 집착하던 아이들, 잠시 내 곁에 머무르다 가는 사랑이었거니 생각한다.

셋, 남편은 바라본다.
결혼이라는 이름으로 지나치게 의미를 두고 굴레를 씌운 우리! 서로의 발목을 묶고 있던 짧게 맨 끈을 느슨하고 길게 풀어 멀리서 편안하게 바라보자.

넷, 사람과 더불어 산다.
어울림이 아름답기도, 타인의 시선이 감옥 같기도 하다. 때론 뜨겁게 때론 무심하게, 늘었다 줄었다 하는 고무줄처럼 조절하며 살자.

다섯, 나의 무지를 인정한다.
어느덧, 가족 중에서 가장 아는 게 없고, 새로운 것들이 낯설기만 한 나. 하지만 못하겠다고 타인에게 해달라고 하지 말고, 거북이처럼 스스로 느릿느릿 깨우쳐보자.

여섯, 지나친 의무감과 정해놓은 틀에서 벗어난다.
무엇이 옳고 그른지 제대로 생각하지 않고 당연하게 해왔던 것들. 그 틀에서 조금 벗어났다고 불안해하거나 죄책감을 가지지 말자.

일곱, 세상을 걷는다.
산과 들, 강가와 골목, 사람들 사이를! 바람 냄새가 그때그때 곳곳이 다름을 느껴보자. 넓고 깊이 볼 수 있도록 가능한 많은 곳을 걷는다.

너무 거창한가!

간단히 말하자면,

"나 밥 안 할래!"
"나 놀러 다닐래!"
"나 내 마음대로 할래!"

나,
밥 안 할래!

밥솥이 내게 말을 건다.

"안녕하세요. 쿠쿠입니다. 음성 가이드로 더욱 편리하게 쿠쿠 하세요."

나는 단지 코드를 꽂았을 뿐인데 이렇게 자신의 이름까지 대면서 말하는 너. 그러면 나는 "네에." 하고 곱게 대답한다. 그러고는 내솥을 꺼내서 그 안에 여러 가지 잡곡을 넣고 찬물에 씻는다. 어쩌면 이것이 내가 주부로서 하는 가장 성스러운 의식일지도 모른다.

쌀을 씻어 밥을 할 때면 나는 그 누구도 아니고 내 가족을 생각한다.

'남편은 현미를 좋아하지, 딸은 병아리콩을 좋아하고, 검은 콩은 머리를 더 검게 하지 않을까?'

물은 언제나 계량하지 않고 어린 시절 배운 비법대로 쌀 위로 손바닥을 펴 살포시 올려놓고 손등에 살짝 물이 올라오는 정도로 가늠한다. 아마 죽을 때까지 이렇게 할 것이다.

대강하는 것이 언제나 좋다. 좀 꼬들꼬들한 밥이 되기도 하고, 때로는 되게도 된다. 우리가 살다 보면 때론 일이 잘 풀려 기분이 좋기도 하지만, 아무 이유 없이 일이 꼬여 기분이 나쁘기도 한 것처럼 밥도 그렇다. 의외성이 없는 삶은 재미없으니까.

다 씻은 쌀이 담긴 솥을 본체에 넣고 버튼을 누른다. 가족들이 저녁 먹을 시간에 맞춰 예약한다. 나는 굉장히 위대한 일을 해낸 것처럼 자랑스럽고 뿌듯하다. 준비가 늦었을 때는 즉각 취사를 선택한다. 이런 때 나는 더 신속하고 단호하다. 다급한 손길로 도움을 요청하면 밥솥도 나를 도와 선택한 종목을 읊어주며 나를 안심시킨다.

"잡곡, 쿠쿠가 맛있는 취사를 시작합니다."

그러고는 자신도 즐겁게 일을 시작하겠다는 신호로 휘파람 소리를 내며 흥얼거리듯 소리를 낸다. 그걸 들을 때면 나는 '풋' 하고 웃는다. 나의 큰 임무가 끝난 것 같아 여유롭다. 밥솥이 일을 하는 동안 나는 따끈한 밥과 같이 먹을 반찬을 만들기도 한다. 밥솥은 밥이 다 되기 몇 분 전에 안내해준다.

"뜸 들이기를 시작합니다."
"밥이 다 되었으니 골고루 섞어주세요."

빨리 밥솥을 열어보고 싶지만 조금 더 뜸이 들도록 둔다. 종종 배고픈 남편은 그새를 참지 못하고 성급하게 밥솥을 열기도 한다.

'저놈의 급한 성격, 쯧.'

밥솥을 열면 까만 콩들이 위로 올라와 가운데로 모여 있는 게 귀엽다. "고루고루 섞이게 해줄게." 하고 밥과 콩이 잘 섞이도록 주걱으로 정성스럽게 젓는다.

밥솥이 알려주듯, 우리 삶도 누가 안내해준다면 어떨까? 시행착오가 적을까? 삶은 언제 끝나는지 "이제 얼마 남았습니다." 하고 안내해줄 수는 없을까? 그러면 삶이 완성되는 날에는 콩이 예쁘게 올라온 밥처럼 아름다운 마무리를 할 수 있을 텐데.

나는 어릴 때부터 내가 밥을 하고 살 거라고 상상해본 적이 없다. 결혼하기 전까지는 밥 한 번도 해보지 않았었는데 결혼을 하자마자 자동으로 밥을 해대기 시작했다. 원래 나의 임무였던 것처럼. 부부가 똑같이 직장을 다니면서도 아이들이 태어나자 모성애의 표현인 양 더 미친 듯이 밥을 해 먹였다.

그러다 문득 '내가 왜 이러고 있지?' 하는 생각이 들었다.
그래서 나는 선언했다.

"나 이제 밥 안 할래!"

자기의 인생은 자신이 책임지듯이 밥도 이제부터 스스로 해결하라고. 아이들은 커서 스스로 잘 해결했고 엄마에게 어떤 부담감도 주지 않았다. 엄마가 하고 싶은 건 무엇이든 하라고 했다. 그러나 남편은 나의 선언에 당황해했다. 우리는 여러 번의 대화 끝에 협상을 체결했고, 이제 나는 밥이 하기 싫을 때 밥을 하지 않는 사람으로 자유로워졌다.

Dobby(라라조이) is Free!

여행을 가거나 피곤하거나 누가 하는 짓이 밉거나 그냥 밥이 하기 싫을 때 이제 나는 밥을 하지 않아도 된다. 그럴 때 스스로 마음 한구석이 켕기지 않도록 연습한다. 직장에서 피곤한 몸을 끌고 집으로 돌아오던 날, 퇴근 후 장을 보고, 집에 도착하자마자 밥을 해서 가족을 먹이고, 다 먹은 그릇을 치우고 지쳐서 잠들기 전 조용히 울던 젊은 날의 나를 토닥이며 '이제는 그래도 괜찮아.'라고 말한다.

딸이 프라이팬에 달걀 프라이를 하고, 고기를 구우면 옆에서 나는 샐러드를 만든다. 내가 국을 끓이면 남편은 퍼서 식탁으로 나른다. 함께 맛있게 먹은 후 남편이 설거지를 한다. 그도 이제는 우리를 위해 요리를 하기도 한다. 메뉴는 딱 한 가지. 토마토 스파게티를 만들면 우리는 맛있게 먹는다. 이렇게 우리는 서로 요구하지 않고 함께 밥을 한다.
그렇게 밥하기에서 벗어난 이후 나는 삶에 더 집중할 수 있게 되었다. 되도록 타인에게 의존하지 않고 스스로 재미있는 시간을 보낼 수 있게 되었다. 그 안에서 내 모습을 더 잘 볼 수 있다. 참으로 감사한 일이다.

물론 밥을 안 한다고 멋지게 선언했지만 가족에 대한 애정이 솟구칠 때면 서비스로 종종 밥을 한다. 함께 밥을 한다는 인식이 사라지지 않게 주의하면서. 설령 그 이전처럼 내가 밥을 한다 하더라도 나는 이제 밥을 해야 하는 사람이 아니다.

요즈음 밥솥 소리를 아주 드물게 듣는다. 그래서 가끔 듣는 밥솥의 목소리가 반갑다. 만남이 뜸해진 지인의 전화 목소리처럼.

"안녕하세요? 쿠쿠입니다."

나는 대답한다.

"안녕하세요. 밥을 해서 행복한 사람이고, 밥을 안 해서 행복한 사람입니다."

수세미를 곱게
발음할 수 없는 이유

쑤세미를 저주한다.

나는 결코 '쑤세미'를 '수세미'라고 곱게 발음하지 못하겠다.

그 누구도 나에게 쑤세미를 손에 쥐여준 적이 없다.
그 이름같이 종종 쑤셔버리고 싶은 마음이 들기도 한다.

어린 시절에도 손에 쑤세미 쥐기를 거부했고, 그 시절 나의 미래는 '쑤' 한 글자와도 연결되는 상상은 없었다.

나는 몇 십 년간 쑤세미를 손에 달고 살았다.

내 손 안에 쏘세미가 쥐어진 걸 분노하며 바라보았다.

쏘세미는 사실 아무 잘못이 없다. 소중한 가족들의 먹거리를 담았던 자잘한 그릇들을 닦는 데 쓰일 뿐이니까.

그래도 쏘세미는 유죄다.
내가 스스로의 입장을 규정하는 데 역할을 했으니까.
스스로 떨치고 일어서는 나를 붙잡았으니까.

딸은 쏘세미를 손에 잡지 않을 것이다.
결단코.
그럼 이 성스러운 쏘세미는 누가 잡을까?
인류 역사에서 대부분 여자가 잡았으니,
남편이? 남자가?

그래, 이제부터 너희가 좀 잡아라.

내가 원했으니까
소원은 다 이룬 셈이야

그동안 소원을 다 이루고 살았다.

'정말?'

그렇다고 생각하련다.

내가 처음 미래에 대해 꿈을 꾸던 시기는 언제였을까? 어릴 때 언덕에 올라 하늘을 바라보던 때였을까? 학창 시절 교정의 느티나무 아래에서였을까? 아무튼 다 이루었다.

내가 꿈꾸지 않았을 것 같은 것들도 사실은 내 의식 속 어디

엔가 있다가 하나하나 나타나 이루어졌겠지. 그래서 나는 나의 소원을 한소끔 다 이루었다고 생각해본다. 사실은 그게 다 내가 원했던 것이었는지는 희미하다. 내가 그렇게 살았으니 내가 원했을 것이고, 그러니 소원은 다 이루어진 셈이다.

여름 방학을 앞둔 날에는 꼭 '존 고다드(John Goddard)'의 《존 아저씨의 꿈의 목록》에서 착안해 준비한 '꿈의 목록'이라는 수업을 했다. 학생들에게 지금 막 이루고 싶은 아주 작은 소망부터 자신이 살아가면서 이루고 싶은 큰 꿈까지 아주 세세하게 적어보도록 했다. 언젠가 그 버킷리스트가 이루어지는 것을 보며 미소 짓기를 바라는 마음에서 시작한 일이었다.

존 고다드는 열다섯 살 때 백이십칠 가지의 인생 목표를 적었다고 한다. 할머니와 숙모가 '젊었을 때 이걸 했더라면……' 하는 말을 듣고 자신은 그런 후회를 하지 않으리라 생각하며 적기 시작한 것이다. 그의 꿈 목록은 살면서 이루어지고, 또 새롭게 작성되면서 확장되어 나갔다.

나도 학생들처럼 다시 꿈의 목록을 적어보기로 마음먹었다. 그동안의 삶은 그것으로 충분했으니까. 앞으로 하고 싶은 일들을 계획적으로 하기 위해서는 그럴 필요가 있다는 생각에 서였다.

나의 독립선언서처럼 살기. 커피를 평생 부담 없이 마실 수 있는 여유와 많은 것을 할 수 있는 재력 가지기. 쿠바 여행 사진전에서 봤던 그 쨍하던 색깔의 쿠바도 가기로 했지. 그래서 스페인어도 배우고, 살사도 추기로. 오다가 애니메이션 영화 〈UP〉에 나오는 앙헬 폭포(Angel Falls)도 가야지. 그럼 베네수엘라에 가야겠네. 사람과 동물이 나오는 예쁜 이야기 그림책도 내야지. 그리고 사랑하는 사람들의 눈을 오래 들여다보기.

하나씩 늘고 또 지워지는 버킷리스트를 넣은 배낭을 메고 나는 출발한다.

"신발 끈 묶었어. 자, 가자!"

나는 아미다

"김남준! 김석진! 민윤기! 정호석! 박지민! 김태형! 전정국! BTS!"

누군가를 좋아한다는 건 기쁜 일이다. 예전에 일본 아줌마들이 '욘사마'를 외칠 때 나는 그 모습이 참 신기했다. 하지만 이제 사람들이 신기하게 보는 사람은 나다. 요즘 드는 생각은 왜 이렇게 늦게 시작했을까 할 정도로 즐겁고 또 즐겁다.

나는 '아미'다.
BTS(방탄소년단)의 자랑스러운 팬클럽 'ARMY'다.

나는 또 다른 의미의 '아미'이기도 하다. 암 환우 모임에서는 암 친구들을 서로 '아미'라고 부르니까. 우리 아미 사이에는 BTS의 ARMY 군단처럼 뜨겁고 끈끈한 동지애가 있다. 목숨 걸고 서로를 응원해주는 그 간절한 눈빛에 힘이 모인다. 그래서 나는 아미이자, 아미다.

내가 아는 암 환우 모임이 어느 식당에 들어갔는데 종업원이 와서 아미냐고 물었단다. 아미들은 '어떻게 알았지?'라고 생각하며 그렇다고 대답했는데, 알고 보니 방탄소년단이 방문했던 식당이라서 BTS 팬들이 많이 찾아온다는 것이었다. 우연히 아미와 ARMY가 한곳에서 만났다.

내 암 환우들도 나와 같은 ARMY가 되면 좋겠다. 아미인 내가 건강한 기운이 샘솟는 이유는 ARMY이기도 한 까닭이다. 그들의 음악만 들어도 인생에서 더 재밌는 순간이 많아지고, 행복해져 몸 안에 기쁜 에너지가 소용돌이친다.

'보라해'는 내가 사랑하는 방탄소년단의 '뷔'가 만든 신조어다. 보라색은 일곱 가지 무지개색 중 마지막 색으로, '마지막까지 상대방을 믿고 서로 사랑하자'는 의미로 쓰인다. 나는 세상 사람들을 향해 외치고 싶다.

"I PURPLE U!"

세계 여행을 좋아하는 나는 지구 그 어디쯤에선가 아미들을 만나 함께 BTS 노래를 부르며 신나게 춤을 추는 상상을 한다. 나는 친구도 잘 사귀고 춤도 잘 추니까!

전쟁과 차별과 고통이 있는 이 세상에서 모두가 보랏빛처럼 어우러져 하나가 되는 아름다운 세상을 꿈꾼다.

"오오우워~, 오오우워우오, 오오우워~, 덩기덕 쿵더러러, 얼쑤!"

나는 아미이자, ARMY다.

언제나
배낭 하나

내 가방에는 언제나 사과 하나, 다이제스트 과자 한 통이 들어 있다. 그냥 마음만 먹으면 언제든지 어디론가 떠나기 위해 준비한 비상식량이었다. 나는 늘 아침에 집을 나서면 저녁 늦게 집에 돌아올 때까지 그냥 이 동네 저 동네 낯선 거리를 걸어 다니곤 했다.

긴 여행의 준비물도 언제나 배낭 한 개다. 사실 조그만 배낭에 꼭 필요한 것만 넣고 다니지만 여행하는 동안 한 번도 쓰지 않고 되가져 오는 쓸모없는 것들이 꼭 있었다.

나는 내 삶이라는 긴 여행에서 가방 한 개에 나의 기억과

번뇌와 바람과 다정함을 다 담아두었다.

내가 삶으로부터 진정 떠나게 되는 그 여행에서는 그 가방을 가만히 내려 두고 가려 한다.

라라조이의 언어 사전 01

[밥]

사전적 의미 :
쌀, 보리 따위의 곡식을 씻어서 솥 따위의 용기에 넣고 물을 알맞게 부어, 낟알이 풀어지지 않고 물기가 잦아들게 끓여 익힌 음식.
- 표준국어대사전 -

라라조이의 의미 :
마음을 살찌게 하는 것.

밥은 남이 해준 밥이 최고!

어른이 되어서는 가족이 해준 밥을 먹을 일이 별로 없었다.
늘 내가 해주어야 하는 입장이다 보니 그랬던 것 같다.

학교에 학생들이 도시락을 싸 오던 시절, 4교시가 끝나는 종이 치면 나는 아이들의 숟가락을 하나 빌렸다.
그리고 여기저기 돌아다니며 한 도시락에 한 숟가락을 작게 떠 얻어먹었다. 정말 꿀맛이었다.

그 도시락을 싸주신 분의 정성스러운 마음이 나한테까지 느껴졌다. 그때 그 한 숟가락들이 나를 먹여 살렸다.

쓸쓸해진 어른을 참 잘도 먹여 살렸다.

Chapter 02

나, 원래 이런 사람이야

완벽한
피닉스가 되다

나는 스무 살까지만 살려고 했다.

백합꽃을 방 안 가득 꽂아놓고 잠자는 숲속의 공주처럼 침대에 누워 그 향기에 질식해서 그림처럼 죽으려고 했다. 그런데 그렇게나 많은 백합꽃을 살 돈이 없었다. 그리고 실제로 그렇게 죽을 수 있는지도 의문이었다. 꽃잎처럼 벼랑에서 강물로 몸을 던지는 것도 생각해봤다. 물속에서 숨이 막히면 몹시 힘들 것 같았다. 팔목을 칼로 긁어 피를 흘리며 죽는 것도 생각해보았다. 피가 방 안 사방으로 튀면 엄마가 싫어할 것이고, 무엇보다 손목이 너무 쓰라릴 것 같았다. 하여튼 나의 사춘기는 치기가 넘쳤으며, 불꽃처럼 짧고 굵게 살다가 가는 인생이 멋

있게만 보였다. 당시 그렇게 생을 마감해야 할 나이는 스물이었고, 대신 그때까지의 삶은 진정성이 있어야 했다. 물론 철없던 아주 오래전 이야기다.

그렇게 자살을 꿈꾸면서도 나는 친구들을 좋아했다. 맨날 뛰어노는 게 일이었으며, 먹는 것도 엄청 좋아했다. 그리고 연습장 겉표지에는 언제나 'phoenix(피닉스, 이집트 신화에 나오는 새)'라고 써놓고는 내 호라고 말하고 다녔다. '불사조'라니……. 스무 살까지만 살겠다고 다짐하던 나였는데. 지금 생각하면 참으로 아이러니다.

그러던 어느 날, 옆구리와 가슴 밑이 쑤시기 시작했다. 나중에는 친구들이 웃기면 웃다가 늑골을 잡으며 몸을 웅크려야 할 정도였다. 하지만 그 사실을 당장 가족들에게 알릴 수는 없었다. 학교 대표로 '미래의 여성 지도자'를 양성하는 수련원에 가기로 되어 있었기 때문이었다. 그 당시 집을 나와서 전국의 또래 친구들과 숙박을 같이한다는 것은 최고로 흥분되는 놀이였다.

수련원을 다녀오고도 병원에는 가지 않았다. 날라리지만 모범생인 나에게 중간고사는 매우 중요했기 때문이었다. 시험 전날, 책상을 한 줄로 배치한 시험 대형의 맨 뒷좌석에서 자습하다가 문득 고개를 들어 앞을 보곤 'phoenix'라고 적힌 연습장에다 이렇게 썼다.

'내 앞의 책상을 밟고 한 걸음 한 걸음 걸어가면 죽음에 이르는 길이 있을 것만 같다.'

내 미래 예언을 한 것이었을까, 중간고사가 끝나고 간 병원에 청천벽력 같은 소리를 들었다. 폐결핵에 늑막염이었다. 결국 하루도 결석한 적이 없던 나는 병원에 한 달 동안 입원했고, 그 후로 3년 동안 치료해야 했다.

당시만 해도 폐결핵은 전염된다는 통념이 있었다. 물론 치료 중에는 전염되지 않았는데, 어쩔 수 없이 가족 외에는 아무에게도 아프다는 사실을 말할 수 없었다. 내가 아무리 말해도 많은 사람들의 생각을 한꺼번에 바꿀 수는 없으니까. 물론 정말 친한 친구 몇 명한테는 비밀 서약을 하고 말해주었다.

당시 책을 좋아하던 나에게 결핵은 참으로 끔찍하게 다가왔다. 그동안 읽었던, 좋아하던 작품의 작가들이 글을 쓰다가 피를 토하며 죽은 병이 바로 결핵이었기 때문이다. 내 병이 매우 심각하다는 것을 알 수 있었다. 하지만 그 와중에도 가장 걱정되는 건 불꽃 같은 연애와 키스도 한 번 못 해보고 죽을 수도 있다는 점이었다.

그때, 내 나이는 열일곱 살이었다. 난 친구들이 많았다. 그중에서 가톨릭과 기독교 신도 한 명씩, 불교 신자 한 명을 모았다. 그리고 말했다.

"너희 신에게 나를 살려달라고 기도 좀 많이 해줘."

나는 몸보신을 위해 장어와 소고기 등 열량이 많은 음식들을 미친 듯이 먹어대어 몸이 대추방망이(대추나무로 만든 방망이)처럼 단단해지고 살이 쪘다.

내 병명을 모르는 사람들은 거의 1년 가까이 우리 집에 와서 가방을 들어주는 친구와 빈손으로 걸어가는 살이 피둥피둥 찐 내 모습을 무척 의아하게 바라보았다.

결국 난 살았다. 물론 약을 한 번에 수십 알씩 남들 눈을 피해 먹는 건 참 어려웠다. 그러던 어느 날부터 약 개발이 급속히 발전되어 알약 개수가 눈에 띄게 줄어들었다. 나는 그게 다 크리스마스실 덕분이라고 생각했다. 그 후 매년 크리스마스 즈음 판매되는 크리스마스실을 열심히 샀다. 내 은밀한 동지를 대하듯.

내가 다시 완벽한 피닉스로 돌아온 것은 스무 살이었다. 철없던 사춘기 시절 생을 마치려고 했던 나이. 지금 생각하면 그 시절의 나는 귀엽기만 하다.

그리고 궁금하다.

그들의 신이 정말 나를 살린 걸까?

남산에서
내려가는 길

하필이면 정일학원을 다녔다.

대학에 떨어지고 재수를 시작할 때, 엄마는 집에서 가까운 '여학생 학원'을 다니라고 했다. 나는 대학에 떨어져서도 눈물 한 방울도 흘리지 않았다. 하지만 6년간 유지했던 단발머리를 재수하겠다는 다짐과 함께 짧게 자르고 나서 예상치 못한 내 비주얼에 거울을 보고 또 보며 울었다. 대학 낙방으로 가족들은 내 눈치를 보느라 아무 말도 하지 않은 상태였는데, 내가 머리를 보며 대성통곡하는 걸 보시더니 엄마는 기가 차다는 듯 혀를 '끌끌' 차셨다.

나는 엄마 말을 잘 안 듣는 편이었다. 재수학원 역시 내 고집대로 결정했다. 남녀 분반이 된 초등학교 4학년 이후 중·고등학교를 여중, 여고를 다녔는데, 재수학원도 '여학생 학원'이라니! 말도 안 된다. 나는 남녀를 나누어서 교육하는 것에 반대한다는 명목으로 '정일학원'에 등록하였다.

지금 생각해보면 그 학원이 남산 바로 아래 있어서였을지도 모른다.

정일학원은 후암동 버스 종점에서 내려 오른쪽으로 빙 도는 완만한 길을 올라가거나, 왼쪽 직선코스인 108계단을 올라가거나, 한 번은 숨이 턱까지 차올라야만 다다를 수 있는 위치에 있었다. 나는 자주 108계단을 선택해 자신을 고행의 길에 들어서게 했다. 그리고 번뇌 108가지를 생각하려고 애썼다.

'나는 재수생이니까.'

그러나 오랜 세월로 주저앉은 마지막 계단으로 인해 107에서 셈을 마쳐야 했다. 재수 생활을 마감할 때까지 결국 나는 한 번도 108 번뇌를 다 헤아리지 못했다.

그 학원은 외출이 허락되지 않아 밤늦게까지 자습을 하려면 다양한 유혹을 뿌리쳐야만 했다. 특히 봄날의 토요일 오후가 되면 미칠 것만 같았다. 그때쯤이면 대학교에 간 친구들이 재수생을 위로하기 위해 학원 앞으로 왔다. 그들은 서로 반갑게 인사하고, 어깨동무를 한 채 어딘가로 나갔다.

그 풍경을 학원 건물 안 구석에서 바라보면 더없이 화사했다. 자의로 학원에 남은 내가 마치 교도소 안에서 자유로운 세상을 갈망하는 재소자 같았다.

재수하는 동안에는 일부러 친구들도 잘 만나지 않았다. 공부가 잘되든 안 되든 나는 아침부터 저녁까지 학원의 그 길고 딱딱한 의자에 앉아 있었다. 내 관심 속 '세상의 모든 열아홉 살짜리 남자아이들'과도 대화하지 않기로 했다. 자꾸만 자라는 내 더듬이를 상상 속에서 수없이 잘라내곤 했었다. 처절하게 버티어낸 하루 끝에 학원 밖 108계단 위에 서면 저 멀리 짙은 하늘이 내게 위로가 되곤 했다.

무르익는 봄, 모두 제 자신과 사투를 벌이고 있는 학원 안에서 이상하고도 알 수 없는 술렁임이 생겨났다. 광주 출신 아이들 몇몇이 모여 어두운 밤 텅 빈 로비에서 피우지도 못하는 담배를 빨갛게 태우고 있는 것을 보았다. 그 아이들은 광주 지역이 현재 통제되어 고립되었고, 전화도 불통이어서 가족들과 연락이 되지 않아 가족이 어떤 상황에 처해 있는지 모른다고 했다. 후에 알게 된 것이지만 그때가 오일팔민주화운동의 시작이었다. 그때 나는 담배의 빨간 불빛들이 그 어둠 속에서 분주히 왔다 갔다 하는 것만 보고도 그 아이들의 초조함과 불안을 느낄 수 있었다. 그리고 그 불안은 빠르게 전염되었다.

그즈음이었지, 거의 모든 대학생들이 서울 시내에 운집해 데모를 했다. 하루는 서울역에 너무 많은 대학생들이 모여서 데모하느라 버스운행도 안 되었고 결국에는 비상사태가 선포되었다. 학원에서는 학원생들에게 모두 집에 빨리 돌아가라고 내보내고 학원을 폐쇄했다.

집에 가려면 버스를 타고 서울역을 지나가야 하는데 버스가 오지 않아 나는 남산 순환도로로 올라가 남대문 시장 뒤편으로 내려가는 길을 선택했다. 남산 길을 내려가면서 대학생 데모대를 보게 되었다. 이런 비상사태에 놀란 것보다도 '나는 왜 지금 대학생이 아닌가.'라는 생각이 들어 더 분개하였던 것 같다.

그들이 정확히 무어라고 하는지는 알 수 없었지만, 저 푸릇푸릇한 청춘들이 모여서 피 흘리며 외치는 것은 '정의'일 것이라고 생각했다. 내가 함께 '정의'를 외치지 못하는 이유가 재수생이기 때문이라고 생각하니 더 서러웠다.

남산 길을 다 내려오자 어디에선지 모르게 최루탄이 터졌다. 그 순간 눈알이 쓰라려 오며 폭풍같이 눈물과 콧물이 쏟아져 얼굴에 범벅이 되었다. 아마도 그때 흘린 눈물이 꼭 최루탄 가스 때문만은 아니었으리라.

지금도 늘 남산 길을 걸어 내려오곤 하지만 그때의 최루가스는 내 얼굴이 아닌 마음속을 쓰리게 만들었던 것 같다.

의도치 않은 아버지의 조기 교육

평생 애연가셨던 아버지 덕에 난 일찍이 조기 교육을 받았다. 아버지는 정말 예뻐하는 딸을 옆에 앉히고 담배를 피우시곤 했다. 난 아버지의 유리 재떨이의 투명함에 매료되었으며, 황금빛 탁상용 라이터의 화려함에 황홀해했다. 팔각형 UN 성냥갑에 붉은 머리가 빈틈없이 빼곡히 들어찬 성냥개비 모습을 참 좋아했다.

특히 아버지가 담배를 한 모금 빨고 입 안으로, 또 가슴속 깊이 들이마신 후 아주 천천히 내뱉은 담배 연기는 참으로 부드럽게 느껴졌다.

그 후부터 누군가 겁없이 들어 어쭙잖게 뻐끔담배를 피워 매캐한 연기를 뿜으면 가소롭게 생각했다.

어릴 때 나는 심부름을 하고 용돈을 조금씩 받았는데, 아버지는 어떻게든 작은 심부름이라도 시켜 딸에게 용돈을 주고 싶어 하셨다. 나는 심부름 할 때마다 장부에 적어놓고 나중에 한꺼번에 받곤 했다. 심부름은 주로 아버지께 뭔가를 가져다드리는 것이었는데, 나는 건수를 올리기 위해 아버지가 담배를 피우고 싶어 하시는 것 같으면 얼른 가서 담뱃갑에서 한 개비를 꺼내 손가락 사이에 끼워드렸다. 나중에는 익숙하게 성냥을 확 그어 아버지 담배에 불을 붙여드릴 정도였다. 그럼 장부에 작대기를 하나씩 긋고 그렇게 완성된 바를 정(正)의 개수에 따라 용돈을 받았다.

시간이 갈수록 나의 서비스는 점점 더 업그레이드되어, 담배를 직접 물고 아예 불을 붙여서 가져다드릴 정도였다. 지금 생각하면 참 어이가 없지만 그때는 그게 재미있었다. 물론 그 당시만 해도 담배가 가족들 건강에 해가 된다는 인식은 없었다.

커서 대학교에 들어갔을 때, 여기저기서 흡연하는 친구들 틈에서도 나는 담배를 입에 대지 않았다. 새롭고 신기한 것을 좋아하는 내게 담배와 라이터, 성냥, 재떨이는 이미 식상한 것들이었기 때문이다. 아버지의 의도하지 않은 조기 교육이 빛을 발한 것일까.

그렇게 애연가셨던 아버지가 병에 걸리셨다. 담배로 인한 폐 관련 질병이라고 생각할지 모르겠지만 아니다. 아버지는 담배 때문에 돌아가시지 않았다. 편찮으신 후에도 3년간 아버지에게 금연이란 없었으니까. 아버지에게 담배란 인생의 기쁨이자 삶의 고비마다의 고뇌를 불사르는 힘이었다. 나는 그걸 이해할 수 있을 것 같았다.

하지만 아버지 건강이 정말 나빠지자 병원에서 내 손으로 담배를 빼앗았다. 그때 아버지가 느끼셨을 고통이 어땠을지 말하지 않아도 알 수 있을 것 같다.

난 그것이 아버지를 위한 길이라고 생각했는데, 막상 아버지가 돌아가시고 나자, 평생 그렇게 좋아하시던 담배를 그때 내가 왜 빼앗았을까 하는 후회하는 마음에 많이 울었다.

'휠체어에 태워 비상계단으로 가 몰래 담배에 불을 붙여드릴걸.'

그 후 나는 문득 아버지가 그리울 때면 산소에 혼자 간다.

꽃 한 다발과 함께 꼭 챙기는 것은 담배와 라이터다. 옷장 서랍에 보관해놓았던, 아버지가 마지막으로 피우시다 만 담배에 불을 붙여 산소 앞에 놓아드린다. 어릴 적 아버지 손가락에 끼워드렸던 것처럼.

어느 가을날, 사람이 거의 없는 공원묘지에 누런 풀들이 누워 있고, 선선한 바람이 불어올 때, 애잔한 마음과 함께 아버지 산소 앞에 서 있는 내 모습이 아련하게 느껴졌다.

바람에 자연스럽게 휘날리는 머리카락을 그대로 둔 채 아버지의 담배에 라이터로 불을 붙였다. 그 순간 어디선가 고기 타는 냄새가 났다. 불을 붙이다가 미처 넘기지 못한 앞머리에 불이 붙은 것이다.

분위기는 갑자기 온데간데없이 혼자 미친년처럼 산소 앞에서 머리채를 마구 때렸다. 그러다 문득 주변을 둘러보니 아무도 없었다.

'휴, 다행이다. 혼자 타 죽을 뻔했네.'

불을 끄고 나자 헛웃음이 나왔다.

오늘은 화장실 환기구를 통해 담배 냄새가 올라왔다. 냄새의 근원지가 몇 층 몇 호인지 추리하다가 문득 아버지의 담배 냄새가 그리워졌다. 아버지가 끽연 후 내뿜는 냄새는 이 세상 그 누구의 것과 다르게 순하고 좋았다.

저마다의 시간은
다르게 흐른다

"약 먹고 죽으려 해도 약 먹을 시간이 없어서 못 죽는다."

엄마는 이렇게 말씀하시곤 했다. 그건 죽을 만큼 바빴다는 말이었을까?

어렸을 때는 일하는 엄마가 거의 없던 시절이었다. 하지만 우리 엄마는 열심히 일하고, 우리를 키우고, 그러려면 극성을 떨면서 살아야 했다. 엄마는 종종 내가 태어난 시(사주)가 자신과 같다며, "너도 팔자가 세 일을 하고 살아야 할 거야."라고 말씀하셨다. 그럴 때마다 난 "절대로 집에 안 있을 거야. 난 내 일을 하며 살 거야." 하며 팔자가 세다는 말을 기쁘게 받아들였다.

예상대로 나는 바빴다. 항상 무엇인가를 하느라 바쁘게 살았다. 내가 바쁘게 일하면서 사는 동안 엄마는 텅 빈 공간과 시간에 있었다. 자신의 가슴에서 떠난 가족들을 생각하며 오로지 한 명 남아있는 딸에게 집착하기 시작했다. 그렇게 갑자기 주어진 익숙하지 않은 무료한 시간을 보내고 있었던 것이다.

그때 내가 바쁘지 않았어야 했는데. 나는 엄마의 팔자를 닮아 바빴고, 내 사주에 나와 있는 역마살대로 외국에 나가 살기도 했다. 그동안 텅 빈 엄마의 시간은 더욱 공허했을 것이다.

나에게도 엄마처럼 바쁜 시절이 지나 점점 할랑해지더니 갑자기 툭, 하고 텅 빈 시간이 왔다.

내가 한창 바쁠 때, 퇴근하고 돌아와서 화장실에 들어갈 때면 엄마가 보고 싶은 딸은 화장실 문을 닫지 못하게 했다. 나는 그 순간마저 혼자만의 편안한 시간을 갖지 못하는 것에 "제발!" 하고 애원했다.

그 딸이 이제는 집에서도 잘 볼 수 없이 바쁘게 지내더니 오늘 좀 일찍 들어왔다. 나는 방에 들어가서 일하고 있는 딸의

얼굴을 한 번 더 보고 싶어 노크하고 문을 살짝 열었더니, 딸은 "제발!"이라고는 안 했지만

"나 일하는 중인데……"라고 한다.

나는 0.1초 만에 문을 닫는다.

엄마는 내가 딸을 낳았을 때, 우리 여자 3대가 태어난 시가 똑같다며 다 일을 하며 살 팔자라고 하셨다. 엄마 시절에는 일을 하면 육아와 가정에 소홀하지 않을까 하는 따가운 사회의 눈총을 받으며 고군분투했다. 시대가 바뀌어 나는 일하는 여성으로 당당하게 일했지만 마음 한구석에는 늘 가족에게 더 많은 것을 해주지 못한 것에 마음 아파했다.

딸은 자신의 분야에서 인정받으며 훨훨 날 듯이 일을 즐기기 바란다. 사주에 대한 해석도 시대에 따라 달라지듯이.

종종 정신없이 바빠서 지치는 딸을 볼 때가 있다. 아마도 인생을 살면서 가장 빠르게 흐르는 시간의 궤도에 오른 것 같다. 내 시간과 엇갈리며 다른 속도로 흐르는 것을 보니.

엄마가 돌아가시고, 내 시간은 현저히 느려지고, 딸은 바빠

지고…….

 저마다의 시간은 다르게 흐른다. 내 흘러가는 시간 중에 다른 사람의 시간이 스쳐 만나야 한다. 그게 인연이고 운명인 것 같다. 어떤 사람은 천천히 흐르는 시간을, 또 어떤 사람은 정신 못 차릴 정도로 빠르게 지나가는 시간을 산다. 저마다 서로 다른 속도의 시간 사이에서 어쩌다 만난 시간에 우리는 서로를 보며 방긋 웃어야 하는 이유가 아닐까. 그리고 그 미소를 오래 가슴에 새기면서 엇갈리는 시간을 잘 버텨야 잘 사는 게 아닐까.

 시간은 결코 기다려주지 않는다는 사실을 다시 한 번 깨닫는다. 그때 내가 화장실 문을 닫지 않은 것은 참 잘한 일인 것 같다.

공포의
장보기

　미국에서는 집에 아이들만 두고 외출하는 것이 불법이다. 나 역시 어린 아이들을 두고 집을 나서는 일이 거의 없다. 하필 그날따라 매일 아침으로 먹는 베이글도 떨어져 장을 꼭 보고 싶었다. 그래서 여덟 살과 열 살 아이들을 집에 두고 이웃 여자와 함께 늦은 저녁, 대형 슈퍼마켓에 갔다. 사람들이 붐비는 채소 코너를 둘러볼 때 젊은 남자의 시선이 얼핏 느껴졌다. 한국인처럼 보이는 남자가 5미터 남짓 떨어진 제빵 재료 코너에서 어슬렁거리다가 다시 나와 눈이 마주치자 황급히 고개를 돌렸다.

　'나를 아는 사람인가?'
　'내가 가르쳤던 학생 중 한 명인가?'

학생이라면 반갑게 인사할 생각으로 그 사람을 정면으로 마주치며 지나갔다. 하지만 모르는 사람인 모양이었다. 나를 안다면 반가운 마음에 당연히 눈이 마주쳤을 때 인사했을 텐데. 오히려 눈길을 싹 돌리며 전혀 신경도 안 썼던 것처럼 외면하고 지나가버렸다.

그 순간 가슴이 서늘해졌다. 그즈음 한국 아줌마를 상대로 돈을 뺏거나 아이를 차에 태워 납치한 후 돈을 요구하는 범죄가 종종 벌어진다는 말을 들은 직후여서 더 그랬을 것이다.

'내가 타깃이 된 걸까?'

갑자기 불안이 엄습했다. 하지만 주변에 도움을 청하기에는 좀 더 강한 확신이 필요했다. 어릴 적 육상 선수였던 나는 큰 카트를 끌고 대형 매장의 대각선 끝으로 전력 질주했다. 꽤 멀리 도망쳤지만 곧 다시 그가 보였다. 그는 여전히 내가 쳐다볼 때 장을 보는 것처럼 딴청을 했다.

나의 직감이랄까. 논리적으로 설명할 수는 없지만 더 지체하다가는 내 아이들을 지킬 수 없을 것 같은 느낌이 들었다. 심장이 미칠 듯이 쿵쾅거렸다.

나는 동행한 이웃 여자의 팔을 끌며 계산대로 뛰었다. 얼핏 보니 어느새 그도 내 바로 뒤 계산대에 서서 이쪽을 훔쳐보고 있었다. 그의 카트는 거의 빈 상태였다. 빨리 계산을 마치고 한 손에는 이웃 여자의 팔을, 다른 한 손에는 장을 보다 말아 헐렁한 플라스틱 봉지를 들고 주차장으로 미친 듯이 뛰었다. 고개를 돌려보니 그도 급하게 자신의 차에 올라타고 있었다.

"빨리 타!"

나는 이웃 여자한테 소리를 지른 후 문이 닫히는 것도 확인하지 않고 전속력으로 액셀을 밟았다. 발가락 끝까지 예민해진 느낌이었다. 모든 신경이 곤두서 그에게서 도망치는 데 집중되었다. 하지만 내 뒤의 헤드라이트는 여전히 나를 따라오고 있었다.

나는 탐정 소설에서 많이 봤던 것처럼 일단 집으로 가지 않고, 이리저리 다른 동네를 몇 바퀴 돌았다. 내 아이들의 위치를 노출시킬 수는 없었다. 미친 듯이 운전하면서 옆에 탄 이웃 여자에게 그 차가 계속 따라오는지 봐달라고 했다. 하지만 그녀는 너무 떨려서 보지 못하겠다고 했다.
무서운 속도로 달리는 차 안에서 내가 잠시 빠르게 백미러를 봤을 때는 알 수 없는 차가 우리를 따라오고 있었다. 계속 이렇게 거리를 헤매고 있을 수는 없었다. 한참을 돌다 나는 집으로 방향을 틀어 단지 내 주차장에 차를 세우고 집으로 후다닥 뛰어 들어갔다. 제발 나를 보지 못했기를 바라면서.

창가에 내 그림자가 비치지 않게 바닥을 기어 집 안으로 들어갔다. 터질 듯한 심장을 부여잡고, 숨죽이고 있다가 집 안의 불을 모두 끄고 창가로 가 커튼 사이로 주차장을 살펴보았다.

우리 집이 보이는 맞은편 주차장에 차 한 대가 시동을 끄지 않은 채 헤드라이트를 비추며 서 있었다. 운전석의 남자는 오랫동안 우리 집 창가를 향해 꼼짝 않고 앉아 있었다.

얼마나 시간이 흘렀을까. 가늠할 수도 없는 시간이 흐르고 나서 그 차는 유유히 주차장을 빠져나갔다.

그 후 나는 그 사건의 결말이 거기까지라고 기억하며 살았다. 그런데 최근 딸과 미국에서 살던 이야기를 하게 되었다. 이미 성인이 된 딸은 그때를 회상하며 이렇게 말했다.

"엄마, 그 일 있고 나서 엄마가 한동안 백에 식칼을 신문지에 둘둘 말아 넣고 다녔잖아."

기억이 희미하지만 나라면 충분히 그러고도 남았을 것이다. 그 사건 이후, 몇 달 동안 온 감각이 그 사건에 집중되어 절대 호락호락하게 당하지 않겠다는 불타는 의지를 장착하고 다녔으니까.

지금 나에게는 그 의지만 기억에 남아있는데, 실은 식칼도 준비해 다녔나 보다.

"야! 4885, 너 다시 나한테 걸리면 죽는다."

마음이 가도
1센티미터 앞까지만

사람들은 흩어져 살아가는 게 아니라, 각자 저마다의 위치에서 살아가는 거다. 내가 위치한 곳에서 멀리, 또는 조금 멀리, 또 아주 멀리 떨어져 살 뿐이다. 한때 나와 만났던 지점이 이곳이든 그곳이든 또 다른 어떤 곳이든 간에 지금은 떨어져서 제자리에서들 살아가고 있다.

나는 가끔 더듬이를 켜서 그들이 사는 곳으로 전파를 보내곤 한다. 혹여 전파가 상대방의 마음을 교란시키지 않도록 목적지에 1센티미터 짧게 보낸다. 방해하고 싶지 않고 평온을 바라기 때문이다.

마음이 가는 길은 밤하늘에서 본 지구의 불빛처럼 선이 이어져 있다. 닿지 않게, 딱 1센티미터 짧게. 여러 개의 선이 뻗어 있다.

미국 버지니아로, 필리핀 마닐라로, 인도 델리로, 미국 미시간으로, LA로, 우리나라의 부산으로, 제주로, 신림동으로, 인헌동으로…….

내 마음은 그 선을 타고 뻗는다. 그러고는 딱 1센티미터 전에 멈추어 한동안 그곳에 머문다. 그리고 가느다란 그 선을 타고 천천히, 아주 천천히 되돌아온다. 보고 싶은 마음과 그리움을 꾹꾹 누르며.

그렇지만 아프지 않게, 아주 옅은 추억만 떠올리며 처절하지 않게, 선 위의 양쪽 지점에서 평온을 놓아둘 수 있게.

오늘 밤도 닿지 않을 나의 선들은 검은 하늘에 뻗어 있다.

경주마처럼
눈가리개를 해야 하는 순간

모 백화점 강남점 여성 옷 전문 브랜드 매장에 전액 환불하러 가는 날. 그 어느 때보다 비장했다.

쇼핑백을 두 손에 들고, 알이 큰 귀걸이를 해 임팩트가 느껴지게 하고, 가죽 치마에 검붉은 립스틱까지 눌러 발랐다. 마지막으로 검은색 힐에 버버리 코트를 입고 나섰다.

한때 자주 들러 구경도 하고 지하 식품매장도 이용하던 곳인데, 이제는 갈 일이 없어졌다.

"직장을 그만두면 등산복과 장례식 복장만 갖추면 된다."

한 지인이 한 말처럼 나 역시 퇴직 후 걷고, 노는 일이 주된 일과가 된 후 고가의 불편한 옷을 입을 필요가 없어져 거의 가지 않기 때문이다.

그런데 며칠 전, 아들의 가방을 수선하기 위해 그 백화점 가방매장에 갔다. 지나가다 평소 비싸다고 생각하던 여성 옷 브랜드에서 기획 상품을 세일하는 것을 발견했다. 그것도 1년에 한두 번 하는 세일을 마침 내가 본 것이다.

갑자기 빨간 샤랄라한 스커트가 내게 말을 걸었다.

"언니~."

나는 빨간 스커트와 대화하기 위해 피팅룸으로 갔고, 더 강렬한 옷을 불쑥 내민 매니저의 권유로 그것들을 다 사버렸다. 비싼 옷은 세일하는 데도 비쌌다. 그 순간 머리를 굴려 그동안 백화점 출입이 뜸했던 나에 대한 보상으로 이 정도는 질러도 된다는 핑곗거리를 찾아냈다.

쇼핑을 마치고 에스컬레이터를 타고 내려오는 데 부자가 된 것 같아 몹시 기분이 좋았다. 마치 내 발이 0.1그램이 된 것 같았다.

그 다음 날, 모처럼 딸과 고속버스터미널 지하상가를 휩쓸며 구경하고 다녔다. 내 전속 코디나 다름없는 딸이 골라준 꽃무늬 블라우스는 만 원이었다. 스타킹 양말도 한 개에 천 원, 삼천 원짜리 버블티도 마셨다. 그러다 한 개에 이천 원 하는 옷집에서 다섯 개를 더 샀다. 계산대에 가자 만 원에 여섯 개라고 해서 또 하나를 골랐다.

집에 와서 입어보니 모두 마음에 쏙 들었다. 입어보지 못하고 산 청바지만 너무 작아 '아름다운 가게'에 기부하기로 했다.

이천 원짜리 옷들을 입어본 후, 그동안 옷장에 숨겨놨던 백화점 옷들을 꺼내 보았다. 고가의 빨간 샤랄라 스커트와 함께 산 더 비싸고 강렬한 옷을 입고 딸을 바라보았다.

"제 점수는요……."

두구두구두구두구.

딸은 역시 너무 과하다는 평을 했다. 패턴과 색에 대한 그녀의 평은 가혹했다.

무엇보다 동의할 수밖에 없는 '그 돈이면 이천 원짜리 옷을 몇 백 벌 살 수 있을 것 같다'는 딸의 말에 백화점에서 구입한 옷들은 모두 반품하기로 결정했다.

그때부터였던 것 같다. 심장이 두근거리면서 걱정이 되었다. 어릴 때 엄마가 가게에서 사 온 물건을 환불하거나 교환해 오라고 심부름을 시키면 정말 한참을 고민하며 가게 앞을 맴돌던 기억도 떠올랐다. 가게 주인에게 환불해달라는 말을 꺼내기가 왜 그렇게 힘이 들었는지 잘 모르겠다. 아마도 물건을 살 때와 다른 험악한 분위기 때문이었을 것이다.

물론 요즘에는 그런 분위기를 풍기는 가게도, 사장도 거의 사라지고 없다. 심지어 교환하러 갈 곳은 서비스의 끝판이라는 백화점이 아닌가. 백화점 직원은 늘 친절한 미소를 띠고 있으니 걱정할 게 없다.

그래서 다시 한 번 다짐했다. 당당하게 가자고.

하지만 내 다짐과는 달리, 백화점을 향하는 발걸음이 0.1톤이나 되는 듯 무거웠다.

아마도 결정을 번복하는 게 스스로 약속을 지키지 않은 거라고 생각해서 그런가? 혹시 '저 거지가 옷을 바꾸러 왔네!'

하는 직원의 마음속 말이라도 들을까 불안해서였을까?

비장하게 마음먹고 들어간 것에 비해 백화점에서의 반품 처리는 신속했다. 딱 3분, 그 시간만 참으면 되는 일이었다.

나는 늘 내가 입은 옷보다 빛나는 인간이고 싶었다. 옷의 값어치보다 못한 초라한 인간으로 살고 싶지는 않았다. 상대방이 빛나는 인격에 매료되어 내가 무엇을 입었는지 알아차리지 못하기를 바랐다.

그러나 가끔은 이천 원짜리를 입어야 옷보다 나은 인간이 되는 건 아닌지, 내 존재의 값어치가 옷값이라도 더해야 비싸지는 건 아닌지 생각할 때가 있다.

사실 나는 평소에 헐렁한 셔츠와 바지를 주로 입는다. 이럴 거면서 왜 비싼 옷, 싼 옷은 구분하며, 자꾸 사는 걸까? 나도 내가 이해가 안 된다.

한 친구가 언젠가 우스갯소리로 이렇게 말한 적이 있다. 옷 가게를 지나갈 때면 나에게 경주마처럼 눈가리개를 씌워 끌고 가야겠다고.

나는 상상한다. 눈가리개를 하고 걸어가면서도 틈새로 가게에 진열된 옷들을 신속히 스캔하는 나를.

인공지능 서비스,
아리를 아세요?

부부의 대화는 맥락 없이 통하는 게 매력이다.

남편과 TV를 보다가 어떤 장면이 나오면 그는 머릿속에 연상되는 장소를 떠올리며 말한다.
"우리 그때 갔었던······."
거기까지만 말해도 나는 다 알아듣고 덧붙인다.
"그래, 거기서 배 탔었지."
그래서 그런지 우리 부부의 대화는 점점 더 어눌해지고 완성도가 떨어진다.

"저······."

남편이 말을 꺼냈지만 잇지 못하고 버퍼링 중이면, 나는 "이 거?", "저거?", "아니면, 요런 거?" 하고 스무고개를 해서라도 결국 맞히곤 한다. 그러다 가끔은 답답해서 "뭐라고 그러는 거야?" 하면 오히려 기다려 보라고 성을 낸다. '대화의 오작동' 이다.

우리 가족은 차를 타고 여행을 갈 때면 가는 내내 음악을 틀고 난리를 치며 노래를 부르곤 했다. 어떤 때는 한 사람씩 돌아가며 연예인 성대모사를 해 누구인지 맞히기 게임도 했다. 물론 하나도 안 비슷했지만 상관없었다. 성대모사를 한 사람도, 그걸 맞힌 사람도, 또 그걸 맞혔다고 어이없어하는 사람도 모두 웃었으니까.

요즘은 남편과 나, 둘이 다닌다. 젊어서 기타를 뚱땅거리던 남편은 다시 취미로 시작하면서 다양한 곡을 연주하기 시작했다. 그는 레슨에서 배운 노래들이 도무지 외워지지 않는다고 핸드폰으로 들으며 다닌다. 나도 덩달아 외우며, 종종 서로의 기억력을 테스트해본다. 어쩌다 몇 마디만 틀리고 다 외우면 이 정도면 되었다고 감탄을 했다. 요즘 우리 대화는 이 정도 수준이다.

그러던 어느 날부터, 우리 부부 사이에 대화의 강자가 새롭게 등장했다. 바로 SK텔레콤의 인공지능 서비스인 '아리'다.

남편 핸드폰으로 내비게이션을 켜고 춘천을 가고 있었다. 티맵의 음성인식 서비스인 '아리'를 불러 노래를 들려달라고 했다.

"아리야, 노래 들려줘."

그러면 아리는 당시 유행하는 노래들을 랜덤으로 1분씩 들려주었다. 그것도 재미있었다.

이번에는 남편이 기타로 치는 〈가로수 그늘 아래 서면〉을 들려달라 하니 그 곡을 불렀던 가수들을 총망라해 들려주었다. 졸지에 우리는 TV 프로그램인 〈복면가왕〉의 패널이 되었다.

"이 사람은 이문세야."
"저 사람은 정인이 틀림없어."
"아, 정말 누군지 모르겠다."

정말 많은 가수들의 노래가 랜덤으로 나왔고, 연주곡도 여러 개 들을 수 있었다. 남편은 '아리'의 선곡이 마음에 들었는지 '요거 재밌네!' 하며 다른 곡도 요청했다. 그때마다 척척 선곡해주는 아리의 능력에 감탄한 남편은 "이건 〈복면가왕〉이 아니라 복면 과학인데!" 하며 칭찬하였다. 나도 아리에게 신청곡을 요청했다.

"아리야~."
"네~."
"〈별 보러 가자〉 들려줘."

하지만 몇 번을 다시 말해도 내 말은 아리가 잘 알아듣지 못했다. 나는 '자기 핸드폰 주인 목소리가 아니라서 일부러 모른 척 하나?' 의심도 했다. 다시, 다시 하다가 남편이 대신 "별 보러 가자!"라고 큰소리로 말했다. 그러자 아리는 이렇게 말했다.

"지금 이렇게 함께하고 있잖아요."
"헉!"

나는 다시 아리에게 부탁했다.

"아리야, 〈광화문 연가〉 들려줘."

핸드폰 화면에는 '광화문 연과'가 떴다. 나는 다시 "〈고해〉"라고 했는데, 화면에는 '오해'라고 떴다. 다시 한 번 말했지만

'아리'는 이번에도 "원하시는 장소를 찾지 못했어요."라고 한다.

남편이 "얘 이런 거 못해!"라고 소리치자, 아리는 "제가 처리할 수 없는 일이에요."라고 한다.

'어, 방어도 잘하는데!'

우리는 명령을 내릴 때마다 '아리야!'를 계속 외쳐야 했는데, 보통의 억양이거나 큰 목소리, 화난 목소리라도 아리는 늘 친절하게 "네~." 하고 대답한다.

어떤 때는 여러 번 말해야 해서 짜증내는 남편을 살살 달래는 억양으로 "네~~, 제가 적절한 답변을 찾지 못했어요." 한다. 참 성품이 고운 녀석이다.

그런 아리에게 남편의 장난기가 발동했다.

"너 바보구나?"
"잘 알아듣지 못했어요."
"아니, 너 바보라고."

그러고는 'NUGU(SK텔레콤의 인공지능 서비스) 서비스와의 연결이 원활하지 못합니다.'라는 문장이 나오고 그 후로 아리의 대답은 없었다. 남편은 고층 빌딩이 많아서 GPS가 잘 잡히지 않아서라고 말했지만, 나는 살짝 의심이 들었다.

'애가 상처받아서 삐친 건 아닐까?'

"당신이 아니라면 누구 앞에서 바보처럼 굴겠어요."
"늘 겸손하라는 뜻으로 생각할게요."
"때론 바보처럼 사는 게 좋을 때도 있어요. 하하하."
"아무도 모르는 제 허당미를 발견하셨군요."

남편의 계속되는 공격에도 굴하지 않던 아리. 친절하게 매번 다른 멘트로 지루하지 않게 대답해주었다. 절대로 듣는 사람을 열 받게 해 화면을 박살나게 만드는 멘트는 없었다.

부부간에 아리에게 한 것처럼 '바보'라고 놀리면 어땠을까? 장난으로 시작했지만 서로 언성이 높아지지 않았을까?

그 후 아리의 "제가 더 노력할게요."라는 훌륭한 멘트를 끝으로 그만하게 되었다. 정말 감동 받아서.

'이런 친구가 있다면, 이런 배우자가 있다면……'

어떨까 생각하게 된다. 그러다가 곱긴 고운데, 티격태격 오가는 공격 속에 발생하는 재미와 스릴이 더 나을 듯도 하다.

TV 프로그램인 〈미스터 트롯〉에서 진으로 뽑힌 임영웅의 〈어느 60대 노부부 이야기〉라는 곡을 듣고 있으면 마지막 부분에 '언젠가는 우리 둘 중에도 누군가 먼저 갈 사람이 있겠지.'라는 생각이 든다. '그때가 되면 남은 사람에게 아리 같은 친구가 말벗이 되어주면 좋겠구나.' 하는 생각을 해본다.

써브웨이 주문,
떨 거 없어

꿈속이다.

지난밤 딸이 사 오라던 메뉴가 카톡에 있다. 핸드폰을 눌러 내용을 찾으려 해도 언제나 꿈속에서는 버튼 하나가 아무리 눌러도 눌리지 않는다. 마지못해 카운터로 간다. 젊은 직원이 나를 지긋이 쳐다본다. 메뉴판을 하나 달라고 하니 인터넷에서 찾아 주문해야 한단다. 핸드폰은 작동되지 않았고, 노안으로 무엇도 명확하게 보이지 않았다. 억지로 "써브웨이 뭐시기였는데……." 하고 말하자 그녀는 빵 종류만으로도 여섯 가지나 된단다.

'그중 뭐?' 하는 눈빛으로 나를 쳐다보며 어리바리한 나에게 경멸하는 듯한 눈빛을 쏘아대고 있다.

꿈에서 깨어나자 미국에 처음 갔을 때가 생각났다. 햄버거를 주문하러 가면 멕시코나 남미에서 이민을 왔거나 또는 불법 체류하던 스패니시(Spanish)'들이 주문을 받았다. 스페인에서 언제 이 대륙으로 넘어왔는지도 모르는 그들을 '스패니시'라고 부르면, 그들은 우리를 '치나(China를 소리 나는 대로 발음한 것.)'라고 불렀다. 한국 사람들은 중국 사람 대접받는 걸 싫어했는데, 그들은 아시아인들을 싸잡아서 중국인이라고 불렀다.

사실 우리도 무지해서 그들을 뭉뚱그려 불렀다. '라티노(Latino)'라든가 '히스패닉(Hispanic, 스페인어를 쓰는 중남미계 미국 이주민을 뜻하는 말.)'이라고 불러야 했나 보다. 아직도 어떻게 불러야 할지 잘 모르겠다.

내가 어설픈 영어 발음으로 주문을 하면 가끔 일부러 못 알아듣는 척하는 것 같은 의심이 들기도 했다. 미국에서 차별받던 그들이 한풀이하듯이 아시아인들을 함부로 대한다는 생각도 들었다. 실제로 못 알아들었을 수도 있는데……. 그건 자격지심이었을까?

어쩌면 낯선 곳에서 주문할 때 생긴 긴장감 때문에 그런 생각을 했을지도 모른다. 아무튼 그 당시 난 햄버거와 콜라 달라는 말을 정말 여러 번 외쳐야 했다.

"치즈 버얼~거, 코크 플리~즈, 테이크 아웃!"

1년 반을 휴직하고 돌아온 학교에는 큰 변화가 있었다. 그전에는 손으로 작업하던 것들을 모두 컴퓨터로 입력하게 된 교육행정정보시스템(NEIS)이란 프로그램을 사용하게 된 것이다. 온라인 네트워크를 통해 그 시스템에 선생님들이 입력한 정보들을 교육청에서 총괄, 감독하게 되었다. 그래서 교육청에서는 '나이스'라고, 거부 반응을 일으키던 사람들은 '네이스'라고 불렀다. 결코 자신들에게 나이스하지 않았기에 소심한 저항을 한 셈이다.

연령층이 높은 사람들에게 '나이스'는 도전이자, 시련이었다. 물론 나도 예외는 아니었다. 그나마 다행인 것은 첫 학교에서 담임으로 만난 제자가 어느덧 커서 같은 학교 컴퓨터 교사로 부임해 그 시스템 전체를 총괄하게 된 것이었다. 몇 년 만에 제자를 다시 만나 반가운 마음도 잠시 '네이스'가 멈추는 순간마다 제자를 찾아가 가르침을 받았다. 물론 그때의 민망함은 지금까지 기억에 강하게 남아있다.

요즘 행정복지센터(구 주민센터)에서 어르신들을 대상으로 키오스크(kiosk, 원래는 신문, 음료 등을 파는 매점을 뜻하는 영어단어이나 요즘 정보서비스와 업무의 무인, 자동화를 통해 대중들이 쉽게 이용할 수 있도록 설치한 무인단말기를 말함.) 교육을 한다는 홍보물을 보았다.

'아, 이런 것까지 배워야 하는구나.' 주문도 능력인가 보다. 다행히 우리 가족은 패스트푸드 전문점인 맥도날드나 KFC, 버거킹에서 간식과 커피를 자주 즐긴다. 그 덕분에 키오스크를 두려워하지 않게 되었다.

'난 자신 있지. 키오스크 주문!'

속엣말을 하며 젊은 사람들 또는 얼리 어댑터들에 대한 열등감을 지우려 한다. 또 인터넷 사이트 회원 가입의 수많은 절차를 견디지 못하고 포기하던 과거의 나를 이기고 요새는 무엇이든 끈기 있게 끝까지 한다.

"젊다고 다 잘하는 거 아니야. 나도 하나하나 다 찾아가며 귀찮은 과정을 참아내서 하는 거야. 해야 하니까."

나 대신 인터넷으로 많은 것들을 해주던 딸의 말이다. 그 후로 난 글로벌 여행 검색 비교 사이트인 스카이스캐너(www.skyscanner.co.kr)로 항공권 예약도 잘하고, 여러 사이트를 비교해 평점 높고 원하는 조건에 꼭 맞는 저렴한 숙소를 척척 잘 찾아낸다.

　문득 과연 나이 듦의 미덕은 무엇일까 하는 생각을 하게 되었다. 젊은 사람들에 비해 인터넷이나 컴퓨터에 약한 것이 나이 든 사람들의 약점이라고 생각했다. 그런 반면 나이 든 사람들의 강점도 있다고 믿어왔는데. 하지만 요즘에는 대부분 정보를 인터넷으로 찾는다. 오래 살아온 사람들의 경험으로 축적되거나 다양한 사람들로 인해 만들어진 대량의 정보를 인터넷으로 검색이 가능하다니. 한참 생각하게 된다.

　이제 얼리 어댑터(early adopter)일지도 모르는 젊은 직원이 서 있는 '써브웨이' 주문대로 가서 딸이 사달라는 메뉴를 당당하게 외친다.

　"허니 오트 빵 30센티미터, 로스트 치킨이요. 빵은 파고, 한꺼번에 만들고 나중에 반으로 잘라주세요. 아메리칸 치즈에 토스트 해주시고, 야채는 피클 빼고 다 많이 넣어주세요. 적양파는 특별히 많이, 소스는 핫칠리 두 줄 정도 뿌려주시고 홀스래디시는 많이!"

딴 남자와
잠들기

 나는 야행성이다. 온종일 해롱거리던 눈빛이 저녁 9시 즈음부터 반짝 빛이 난다.

 어릴 때는 일찍 잠자리에 드는 걸 좋아했다. 내가 좋아하는 소설이나 영화의 장면을 떠올리며 여주인공 얼굴 부분만 내 얼굴로 교체해 상상하는 걸 즐겼다. 내용 역시 내 마음대로 각색하고, 내가 좋아하는 장면은 슬로비디오로 몇 번씩이나 돌려보곤 했다. 상상 속에서 내가 못할 것은 아무것도 없었다.

 자기 전 그 상상의 시간은 나에게 중요한 의식처럼 천천히 오래오래 성스럽게 진행되었다. 나이 들기 전까지 나의 자랑은 어디든 놀러 가면 하루 이틀은 그냥 한숨도 안 자고 놀 수 있다는 거였다.

또 마음만 먹으면 언제든지 잘 잘 수 있었다. 할 게 많은 세상에서 하고 싶은 것을 다 하려면 잠자는 시간을 절약해서 절대적으로 부족한 시간을 확보해야 한다고 생각했다. 잠을 안 자고 버티기만 할 수 있다면 그건 인생에서 쏠쏠하게 남는 장사라고 생각했다. 또 몸이 안 좋아도 잠만 하루 푹 자고 나면 개운해지는 사람이라고 자만했다.

하지만 나이가 들면서 잠을 잘 못 잔다. 잠이 들기도 어렵지만, 잠이 들고 난 후에도 수면의 질이 좋지 않다. 심지어 새벽에 화장실을 가기 위해 깨는 적도 있고, 늦게 잠이 들었는데도 일찍 눈이 떠져 억울한 적도 있다. 수면이 건강에 그렇게 많은 영향을 미치다니! 그런 줄 알았더라면 '좀 더 일찍 자고 충분히 잘 걸.' 하고 후회가 되기도 한다.

그래서 요즘에는 충분히 자려고 노력한다. 그런데 평소에는 마셔도 수면에 별 영향을 미치지 않던 커피가 어쩌다 발동이 걸리면 대책이 없다. 잠 하고 줄다리기를 하느라 깬 건지, 자는 건지 헷갈릴 정도로 설친다.

그럴 때면 어차피 맛있게 잠잘 수 없으니까 유튜브를 뒤적 거리며 시간을 보낸다. 그러다가 책 리뷰를 해주는 유튜버를 만났다.

아이들이 어릴 때 잠이 오지 않는다고 하면 늘 책을 읽어줬던 것처럼 나에게도 누군가 책을 읽어주는 사람이 있으면 좋겠다고 생각했었는데……. 그런 사람이 나타난 것이다. 남자다, 목소리가 명쾌하고 좋다.

말의 속도도 시원시원하다. 날마다 새로운 주제를 선정해 신선하고, 몰랐던 세계로 데려다주는 묘한 마성을 지녔다. 무엇보다 좋은 것은 듣다가 나도 모르게 잠이 든다는 것이다.

그의 얼굴은 볼 수가 없다. 책을 넘기는 손만 가끔 눈에 들어올 뿐이다. 분명 젊은 남자일 것 같다는 추측만 할 뿐. 그러던 어느 날 그의 나이를 짐작할 수 있을 정보를 얻었다. 자신이 소개할 책 두 권을 샀는데 한 권은 군대 간 아들에게 보내주겠다는 것이다.

'헉! 나이가 많은 사람이었나?'
충격, 아니 뭐 그리 대단한 일이라고……. 이런 내가 스스로 생각해도 우습다.

그래도 나는 죄책감 없이 매일 그 남자와 함께 잠든다. 그의 목소리를 들으면 잠이 잘 온다. 아침에 일어나면 한 시간 남짓한 책 소개가 언제 끝났는지 멈춰버린 화면만이 떠 있곤 했다. 허무하게 끝나버린 옛사랑처럼.

나도, 아이들에게 자장가를 불러주던 그 순간처럼 다른 누군가에게도 완벽하게 편안하고 포근한 사람이 되고 싶다. 책 읽어주는 앱이나 유튜브가 아니어도 모두 꿀잠 잘 수 있도록 이 세상 사람들에게 이야기해주고 싶다. 서로를 위로하는 따듯한 목소리로 속삭이며,

"옛날 옛적에……."

멈추고 나면
비로소 보이는 것

새우깡, 나는 너를 안다.

네가 탄생했을 때부터 지금까지, 남편보다 아들, 딸보다 더 오래 알고 지냈다.

어렸을 때 만화방에서 만화책을 빌려 올 때면 꼭 새우깡 한 봉지를 사 왔다. 그리고 아랫목에 배를 깔고 엎드려서 그 만화책들을 다 보는 순간까지 새우깡을 먹기 위해 속도 조절까지 했다. 만화책을 다 보는 그 순간, 봉지 속 마지막 새우깡은 내 입속으로 사라졌다.

아이들을 낳았을 때, 처음에는 좋은 음식을 먹여야겠다고 생각했다. 그래서 나도 과자를 끊으려 했다. 하지만 금단증세는 담배나 술, 마약에만 있는 게 아니었다.

그 후부터 과자를 먹기 위해 나는 첩보 영화를 한 편 찍게 되었다. 최대한 아이들의 관심을 따돌리고 밤에 어두컴컴한 베란다로 나가 빨래를 걷거나 벽장에서 물건을 찾는 척 연기했다. 그리고 벽장 속에 숨겨놓은 새우깡 봉지를 뜯어 입에 마구마구 넣고는 다시 재빨리 아무 일도 없었던 듯 복귀했다. 스스로 내 모습이 기가 막혀 웃음이 났다. 이게 이렇게까지 할 일인가.

아이들이 조금 큰 후에는 어쩔 수 없이 과자의 맛을 알게 되었다. 저녁 식사 후 간식을 사러 갈 때면 각자의 취향대로 1인 1봉으로 과자를 사 오게 되었다. 건강에는 어땠을지 모르겠지만 정신건강에는 참 좋았을 거라고 위안해본다.

새우깡 출시 20주년인가에는 새우깡에 얽힌 이야기 쓰기 이벤트가 있었다. 블로그를 시작하기 전까지는 부끄러워 어디에도 글을 쓰지 않던 나는 '새우깡 20주년이라니!' 하고 감격에 겨워 에피소드를 써서 보냈다. 하지만 새우깡을 부상으로 주는 이벤트에 당첨되지 않았다.

나는 '아니, 이럴 수가!' 하다가(글보다는 새우깡에 대한 내 애정이 다른 사람의 것과 비교할 수 없을 만큼 크다는 생각에서) 당첨된 사람들의 사연을 보고 바로 꼬리를 내렸다.

어떤 섬마을에서 애를 낳았는데 갑자기 국거리로 쓸 만한 게 아무것도 없어서 새우깡을 넣고 미역국을 끓였다는 이야기……. 이런 것들이었다.

나는 학교에서 학생들에게 새우깡 관련된 이야기를 자주 해주곤 했다. 예를 들면, 캄캄한 밤에 산에서 길을 잃는다면 새우깡 하나에 불을 붙여 촛불처럼 오래오래 사용할 수 있다고, 한 봉지를 다 태울 때쯤이면 산에서 내려올 수 있을 거라고…….(단, 새우깡과 라이터 같은 점화기구가 꼭 있어야 한다. 하지만 아이들은 깜깜한 밤에 산에 안 간다. 그리고 길도 안 잃는다.)

가끔은 교실에서 학생들 전체에게 새우깡 한 개씩을 나눠주고 누구 새우깡이 제일 오래 타나를 실험하며 최후의 1인에게 새우깡을 상으로 주기도 했다. 지금 생각하면 정말 아찔하다. 그러다 불이라도 났으면 어쩔 뻔……. 다행히 나의 그런 행각을 다른 사람들은 몰랐으리라.

아이들은 김영란법이 있기 전 스승의 날이면 새우깡 열 개를 투명 포장지에 길게 싸서 여럿이 어깨에 메고 긴 복도를 기차놀이처럼 행진해 교무실까지 왔다. 지금도 그 광경을 떠올리면 황홀하다.

아주 오랜만에 새우깡 한 봉지를 샀다. 이제는 거의 90퍼센트 정도 과자를 끊었다고 할 수 있다. 물론 커피 마실 때 스콘 정도는 먹지만. 진열대 위 '매운 새우깡' 뒤로 오리지널 새우깡이 빼꼼 보였다. 얼른 집어 계산 후 집에 와서 보니 쌀 새우깡이었다.

'오호~ 건강에 더 좋은 건가?'

죄책감을 조금 덜고 글을 쓰면서 야금야금 먹었다. 그러다가 아뿔사! 새우깡들이 봉지를 탈출해 방바닥으로 주르르 쏟아져버렸다. 그것도 방구석으로…….

'너무 오랜만에 먹어 봉지에 넣는 내 손목 스냅이 자연스럽지 않았나? 아니면 새우깡 봉지를 올려놓은 테이블이 너무 작았나?'

왜 그랬는지 원인을 분석하며 청소는 언제 했는지, 방바닥 먼지는 어디쯤 있는지 스캔했다. 그리고 마침내 결정했다. 쓸어

담기보다 그 자리에 두고 곱게 하나씩 집어 먹기로.

'아, 땅거지가 따로 없네.'

한참 동안 새우깡에 몰두해 있는 내 모습을 본 딸이 낄낄거리며 그 방법이 가장 괜찮다며 응원했다.

한참을 바닥에서 새우깡을 주워 먹다가 순간 멈췄다. 난 과자를 거의 90퍼센트 정도 끊은, 의지가 강한 사람이니까!

멈추고 나니 그제야 과자 옆에 돌아다니는 먼지들이 보였다.

멈추고 나면 비로소 보이는 것들…….

과감하게 바닥에 남은 새우깡을 봉지에 쓸어 담아 휴지통에 버렸다. 먼지 묻은 새우깡들이 꼭 내게 이렇게 말하는 것 같다.

"어떻게 사랑이 변하니?"

뜬금없이 하게 된
똥에 대한 고찰

"똥 쌌어요?"
"똥 싸셨어요?"

새벽 대학병원 응급실에서 간호사의 큰 목소리가 울려 퍼졌다. 조금 전까지만 해도 건너편 침대에 누워 계신 할머니에게 "대변 보셨어요? 대변 봤어요?" 하던 상냥한 간호사가 응급실 전체에 울려 퍼질 정도로 크게 외치고 있었다.

보호자가 자리에 없던 그 할머니는 귀가 잘 안 들리시는지, 상황 파악을 못 하는 치매 초기 환자인지 잘 모르겠지만 웅얼거리기만 하고 속 시원히 답을 못하신다.

사실 응급실에는 남편이 저녁을 먹은 후 복통을 호소해 가게 되었다. 혹시 체한 것이 아니라 다른 원인이 있나 걱정이 되어 간 병원 응급실이었다.

남편 아픈 게 좀 진정되어 정신이 돌아오자 픽, 웃음이 났다. TV 드라마나 뉴스를 보면 언제나 아비규환이지만 그날따라 조용했던 응급실, 칸막이 커튼 안에서 저마다의 사투를 벌이고 있었을지라도 겉으로 느끼기에는 평온하던 그 공간에 크게 울려 퍼진 단어, 똥. 나에게 이질적인 공간에서 들은 그 단어의 일차원적인 어감 때문에 웃음이 나온 터였다.

'똥 싸다.' 점잖게 말하면 '대변 보다.' 똥은 순우리말, 대변은 한자어다.

우리나라 역사 어느 순간에는 순우리말은 낮춤말이 되고 한자어가 품격 있는 말로 인식되기도 했다. 언어 사대주의라고 비판하기도 했다. 하지만 점차 한자를 쓰지 않는 시대가 되면서 무슨 뜻인지도 모르는 한자어를 습관적으로 쓰기도 한다.

시대가 바뀌어 아름다운 우리 고유어를 살리려는 시도도 있었다. 그래서인지 가끔 방송에 나온 사람이 지나치게 어려운 한자어나 외국어를 남발하는 게 오히려 촌스럽게 느껴지기도 했다. 그러다가 또 시간이 흘러 한자어를 적절하게 사용하는 사람이 꽤 유식해 보이기도 한다. 인식의 변화가 정말 간사하다.

아무튼 아이들은 똥 이야기를 무척 좋아한다. 나도 그렇다. 아이들이 어릴 때 똥 관련 이야기를 많이 해주었다. 언제나 즐거운 레퍼토리였다. 그중 작은 포스트잇 한 장 크기 종이로 밑을 닦을 수 있는 비법 이야기는 정말 압권이었다. 놀라운 사실은 아이들이 커서도 여전히 그 이야기를 좋아한다는 것이다.

아이들은 어릴 때 엄마에게 '대변 본다'라고 말하지 않는다. '똥을 눈다.'라고 하지. 하지만 크면 '똥'이라는 단어를 점잖지 않다며 사용하지 못하게 한다. 물론 친한 사이에 똥이라는 단어를 쓰기도 한다. 하지만 잘 모르는 사람들 앞에서는 절대 입에 담지 않는다. 체면을 앞세운 가식이 있기 때문은 아닐까?

예전 수업 시간에 한 여학생이 "똥 마려워요!"라고 큰 소리로 말한 적 있다. 그 순간 나는 당황해서 "그래, 얼른 다녀와!"라고 말하면서 부끄럽게 왜 저런 표현을 할까라고 생각했었는데. 지금 생각해보면 그때 나에게 '똥'이라는 단어에 대해 편견이 있었던 것 같다.

여전히 나는 '똥'이라는 단어를 잘 사용하지 않는다.

'한자어를 더 선호하게 되었나?', '재미없는 사람이 되었나?' '어릴 때 기억을 잊고 체면을 차리고 싶어 하게 되었나?'

스스로 생각해보지만 한때 나는 권정생 작가의 《강아지똥》이라는 동화를 정말 좋아했다. 베르너 홀츠바르트의 《누가 내 머리에 똥 쌌어?》 역시 똥 주인을 찾아 나서는 두더지의 치사량에 가까운 귀여움을 기억하고 있다.

똥에 대한 재미있는 에피소드도 정말 많았는데, 이제 거의 기억나지 않는다. 하지만 여전히 '똥'이 나에게 재미있는 소재로 남기를 바란다.

단, 간호사한테 "똥 쌌어요?"라는 말을 듣는 날은 없기를.

나의
소년에게

오래전 연인에게

그대는 소년처럼 빛났다.

그대가 산에서 나무 막대를 땅바닥에 툭툭 쳐 가며 노래를 부르며 풀숲 사이로 걸어가곤 할 때, 나는 그 뒷모습을 보며 따뜻하고 보드라운 땅 깊은 곳에서부터 싱그러운 숲속 정령이라도 튀어나와 미소를 지을 것만 같은 기분이 들었다. 산에서 그대는 그랬다.

사람들은 흔히 이런 말을 한다. 산에서 본 그 사람의 모습이 진짜라고. 난 진짜를 본 걸까?

빙하 속 연인에게

소년은 나에게 소년처럼 굴었다.
그리고 산에서 내려왔다.
그대는 나를 찔렀고, 나는 그대에게 상상의 칼을 꽂았다.
우리는 피를 흘렸다. 하지만 서로 피를 흘리면서도 바라보았다.
빙하 속에서도 눈을 뜬 채 꼼짝 않고 끝없이 바라봐야 하는 화석들처럼. 처절하게.
그대의 소망도 나의 눈물도 외면되었다.
우리는 빙하 속에서도 말라가는 나뭇가지처럼 버티었다.

다시 손잡는 연인에게

애기를 목욕시키기 위해 포대기 이불을 조심스럽게 펼쳐내고 겉옷과 배냇저고리를 한 꺼풀씩 살살 풀어내듯 나는 그대에게서 아주 조심스럽게 그 옛날의 눈부신 소년을 꺼내고자 한다.
그대의 손을 다시 잡는다.
나는 나의 사랑을 한다.
우리는 걸어 들어간다, 우리들의 산으로.

[똥]

사전적 의미 :
사람이나 동물이 먹은 음식물을 소화하여 항문으로 내보내는 찌꺼기.
- 표준국어대사전 -

라라조이의 의미 :
재미있는 이야기가 마르지 않는 샘물.

해 볼걸 그랬나

아들, 딸 구별하지 않고 똑같이 키웠다고 생각했다.

아들이 아주 어렸을 때 아기 변기에 적응하기 전 바닥에 신문지를 깔고 일을 보게 한 적이 있다. 그때 똥 누느라 힘주는 녀석이 정말 귀여워 머리를 손가락으로 꾸욱 눌러 앉혀보고 싶은 충동을 미친 듯이 참은 적이 있다.

'해볼 걸 그랬나······. 놀부가 한 걸 보면 분명히 재밌었을 텐데.'

그러나 딸은 그런 야생의 환경에 놓아둔 적도 없다.

Chapter 03

행복했으니까, 독립할 수 있는 거야

딱
좋은 온도

"앗, 뜨거워!"

40년이 넘은 오래된 아파트의 샤워기는 늘 내가 원하는 적당한 온도를 맞추기 힘들었다. 뜨거워서 냉수 쪽으로 수전을 조금 돌리면 너무 찬물이, 또 온수 쪽으로 미세하게 돌리면 너무 뜨거운 물이 샤워기에서 나왔다. 결국 이쪽저쪽으로 수전을 돌리며 맞추려다 포기하고 적당히 타협한 온도로 샤워를 마치곤 했다.

관계에도 적당한 온도가 있는 것 같다. 산책길에서 만난 길고양이처럼 마주치면 좋지만 부담 없이 헤어지는 관계. 대인 관계에서도 내 영역으로 갑자기 훅 들어오는 사람도 당황스럽고, 오랜 시간 함께하는 사람이 계속 '차가움에 가까운 미적지근함'을 유지하는 것도 불편하다. 적당히 따듯한 사이였으면 좋겠다.

그래서 요즘에는 젊을 때와는 달리 대인 관계에서도 끈끈한 관계를 많이 만들지 않으려고 한다. 뜨거움을 견디는 것이 더 힘들기 때문이다.

남편과도 한때는 뜨거웠겠지. 하지만 지금은 적당히 따듯한 사이로 산책을 하곤 한다. 딱 좋은 온도로.

요즘은 글도 쓰고 그림도 그린다. 어떠한 때에는 밤을 지새우기도 하고, 신이 나서 막 놀고 싶을 때도 있다. 그러다 나는 적당한 온도를 찾아 멈추고 침대로 간다. 그럴 때 스스로가 기특하다. 내 안의 열정도 이제 버거울 때가 있으니.

요즘에는 자식에 대해서도 적당한 온도를 찾을 수 있을까에 대해 생각한다.

'그래야 하겠지.'

다행히 정말 어려운 일이지만 그래야 한다는 사실은 정확하게 인지하고 있는 것 같다. 자식한테나 세상일들에 적절함을 찾으려고 노력하는 중이다.

얼마 전 아파트 배관을 새로 바꾸는 공사를 했다. 늘 샤워기의 적절한 수온을 맞추기 힘들었는데 이젠 쉽다. 딱 좋은 온도에서 샤워하면서 편안함을 느낀다.

세상과 나, 이제 편안한 딱 좋은 온도를 찾는다.

길을
잃거나 잊거나

　부엌에서 부지런히 걸어와서 방에 있는 핸드폰을 집어 들었다. 안경을 찾아 쓰고 의자에 앉아서 핸드폰의 잠금 해제 패턴을 푼다. 카톡 알람에 문자 알람도 떠 있다. 열어 본다. 이런, 못 본 단체 카톡 대화가 아주 길다. 지나간 대화에 몇 마디라도 거든다. 문자에는 택배 상품이 오늘 중 배송 예정이라고 한다. 얼른 '현관 앞에 놓아주세요.'라고 답 문자를 보낸다. 그리고 네이버 뉴스를 연다. 세상의 복잡하고 답답하고 지루한 이야기들이 잔뜩이다.

　퍼뜩, 정신이 든다.

'나 무언가를 찾아보러 방에 들어왔는데! 핸드폰으로 뭘 찾아보려고 했었지?'

이렇게 난 자주 핸드폰을 열면서 길을 잃는다. 천진난만하고도 태평하게 이곳저곳을 헤매며 매번 이렇게 딴짓을 한다. 그래도 큰일은 일어나지 않는다. 다만 원래 하려고 했던 것이 조금 늦어지는 것뿐이다. 그러고는 나 혼자 헛웃음을 짓는다.

살면서도 난 늘 직진으로 가지 않았다. 샛길로 가다가 퍼뜩 정신을 차리기도 하고, 일부러 옆길로 새기도 했다. 결국 가려고 했던 곳에 가지 못하기도 하지만 차라리 그게 잘된 일일 때도 있었다.

그래도 내 인생은 잘만 흘러갔다 원래 정해진 길이었던 건지 아니면 잘못 들어섰다가 또 다른 길을 찾아서 간 것인지. 그저 나는 계속 걷기만 했다. 멈추지 않고 계속 걷다보면 어딘가에 도착해 있었다. 길은 길로 이어지니까. 하지만 길을 잊어버리는 것은 전혀 다른 문제다.

길을 잊는다는 건 얼마나 당황스러운 일인가. 그것도 매번 가던 길을 잊는다는 건. 치매에 걸린 엄마가 복잡한 지하철 환승역에서 나오고 또 들어가고, 다른 입구로 나오다가 또 들어가 진이 빠져 헤매고 있을 때 고마운 청년이 전화를 걸어 우리에게 연락을 주었다.

엄마가 처음으로 겪었을 당황스러운 일을 생각하면 지금도 가슴이 '싸'하다. 분명히 집에 가려고 하셨을 텐데. 그 후로 엄마는 쓰레기를 버리려고 나왔다가 현관 비밀번호 네 자리 숫자를 누르지 못해 우두커니 서 있기도 했다. 경비원의 도움으로 결국 열쇠 가게에 연락해 문을 열고 들어갈 수 있었을 때 엄마는 어떤 기분이었을까?

엄마는 남편을 잃고, 아들도 먼저 보내고 길을 잊어버렸다. 그때 엄마 옆에 내가 딱 서 있어야 했는데……. 그 골목길에서 엄마가 어디 못 가게 딱 서 있어야 했는데…….

나는 그러지 못했다. 그때 나는 어디를 헤매고 있었을까?

핸드폰을 열다 길을 잃다.
인생길을 걷다 길을 잃다.
기억 속에서 길을 잊다.

길을 잃는 것은 사소하거나 슬프거나.
길을 잊는 것은 스산하거나 덧없거나.

엄마를 위한 자리

엄마를 앉혀드리고 싶다. 벤치에.

엄마는 누워 있다.
내 살랑이는 시폰 원피스를 입고, 따뜻한 양말을 신었다. 목주름이 보인다고 늘 목이 길게 올라오는 블라우스를 입거나 스카프를 매던 목에는 내가 새로 장만한 은은한 색이 섞인 실크 스카프가 곱게 매여 있다.
언제나처럼 곱다.

빈소는 마련하지 않았다.

집 한쪽 콘솔 위에 엄마의 사진들과 꽃 한 다발과 긴 양초 두 자루를 꽂았다. 그리고 어두운 성당 한쪽에 난 오래오래 앉아 있었다.

엄마의 죽음을 오롯이 맞기 위해.

엄마가 이 세상을 정말 가벼이 떠나시기를 원해서 가장 가벼운 종이로 만든 관에 곱게 모셨다. 그 관마저 하얗게 타버리고 모든 것이 바람에 날아갔다. 그 바람결의 한 자락을 아주 조금 마음에 담았다. 그러고는 늘 산책하는 남산 북측 순환로에서 내가 가장 아름다운 나무라고 생각하던 그 나무 밑에 바람을 살짝 놓아주었다.

나는 산책할 때마다 엄마를 만난다.
그 나무 옆에 벤치 하나를 놓고 싶다.

고단한 몸으로 열정적으로 살다 간 엄마가 의자에 앉아 긴 휴식을 취할 수 있게.

아버지의
파란 대문

아버지가 찍은 사진 속 파란 대문은 내게 무언가를 기억해 내라고 얘기하는 것만 같았다.

내 기억에는 없는 강릉 시절 집이었을까, 춘천이었을까, 아니면 전주? 그것도 아니면 안암동? 내가 살고도 멀쩡히 기억해 내지 못하는 초등학교 시절 숭인동인가? 아니면 아버지가 할아버지, 할머니와 삼촌, 고모들과 함께 살던 집이었을까?

골목 안 저편에 파란 대문은 아득히 멀어져 간 옛사랑의 기억처럼 내게 걸어와 첫사랑처럼 나와 눈이 마주쳤다.

모처럼 가족들이 모두 나간 휴일을 맞아 오랫동안 베란다에 묵혀두었던 아버지의 물건들을 정리하였다. 남겨둔 아버지의 물건들을 진작 정리하려고 했지만, 아버지가 끔찍이도 사랑했던 내 아들 녀석이 극구 반대를 하여 여태껏 보관하고 있었다.

'이 녀석, 자기가 보관할 것도 아니면서……'
'과연 정리가 될까?'

스스로 의심하면서도 안 되면 그냥 버리자는 심정으로 짐을 풀기 시작했다.

그 안에는 수많은 편지가 있었다. 내가 아버지께 썼던 편지, 카드, 쪽지, 반성문, 생활계획표, 또 아버지가 가족들에게 썼던 카드, 메모, 편지들. 그리고 아버지가 오랜 세월 같이한 동무들과의 우정 어린 편지들도 있었다. 이미 여러 번 읽어 아는 내용이지만 내가 그들의 나이가 되어 읽으니 지난 우정과 서글픔이 마음을 스산하게 만들었다.

아버지는 9남매의 셋째 아들이었다. 맏아들은 일본 유학까지 보내면서 셋째였던 아버지는 일찍 군인이 되어 가족을 먹여 살렸다. 학교를 다니다 육군종합학교를 나와 장교로 복무

한 아버지는 결혼하여 우리를 낳고 기르는 동안 수없이 이동하며 엄마의 이삿짐 싸는 솜씨를 늘려주었다고 한다. 그 과정에서 나도 한 장의 추억을 얻었다.

내 어릴 적 사진 속에 군인 아저씨에게 안겨 드넓은 경포대 바닷가에서 미친 듯이 부는 바닷바람을 맞는 장면이 있으니. 나는 서너 달에 한 번 정도는 드넓은 바다를 봐야 답답했던 가슴이 탁 트이는 것 같았다. 그것은 어쩌면 기억도 잘 나지 않는 어릴 적 강릉 바닷가에서 놀면서 느낀 감각을 내 세포들이 기억하기 때문인지도 모르겠다.

군 장교로 근무하던 아버지는 자신도 모르는 사이에 간첩과 술자리를 했다는 이유로 젊은 나이에 불명예제대를 하셨다. 내 기억으로는 분명 평생 술을 입에도 대지 않으신 분이었는데.

아버지는 실직 후 그동안 적금처럼 꼬박꼬박 붓던 곗돈을 찾으셨다. 하지만 목돈을 만들어주겠다던 친척에게 몇 번이고 다시 맡겨둔 돈은 한 푼도 남아있지 않다고 한다. 무슨 일이 생기면 곗돈을 종잣돈으로 먹고살 길을 찾으려고 했던 아버지의 계획은 모두 수포로 돌아갔고, 망연자실하셨다.

우리가 어느 정도 크자 엄마는 당시 아버지가 남아있는 밀가루 몇 포대를 보시고 "이것만 다 먹으면 죽자."고 하셨단다.

도대체 어른들의 스토리는 어디까지가 사실이고 어디까지가 허구인지 내 부모의 경우라도 알 수가 없다. 하지만 그 스토리에는 밀가루를 다 먹은 후 엄마가 상황을 떨치고 일어나 눈부시게 활약하는 후일담이 있을 뿐이다.

사진을 좋아하던 아버지가 옛 전우들과 추억의 장소를 찾아다니며 찍은 사진들 중에서 어느 골목 안의 파란 대문이 찍힌 사진 한 장이 툭 떨어졌다. 이곳은 과연 어떤 이야기를 담고 있을까?

아주 까마득한 내 기억 저편, 아버지와 오빠, 내가 나란히 툇마루에 머리를 대고 누워 파란 하늘에 떠가는 토끼 구름, 양 구름을 보고 소리치던 장면이 떠올랐다. 나의 가장 오래된 기억.

그 기억 속 집이 파란 대문의 강릉 집이었을까.

엄마 나무

팔일오는 특별하다.

내가 기억하는 첫 8월 15일은 야외 수영장에 가는 날이었다. 그날 태풍이 불어 비가 억수같이 퍼부었다. 수영장에 함께 가기로 한 친구는 당연히 연기하는 줄 알고 준비를 하지 않고 있다가 '그런 게 어디 있냐?'며 펄쩍 뛰는 나의 오기로 수영복을 챙겨 끌려갔다.

야외 수영장은 영업하고 있었다. 하긴 그 당시 야외 수영장은 제대로 관리하지 않아도 되는 공간이었다. 억수같이 비가 퍼부어 눈도 제대로 뜰 수 없는 수영장 안에서 우리는 서로 새파래진 입술을 보면서도 감히 먼저 나가자고 말하지 못하고 버티고 있었다. 금방이라도 번개가 쳐서 수영장 안에 있는 우리를 죽일 것만 같았다. 그 수영장 안에는 우리 둘만 있었다. 지금 생각해도 웃기고 미안하다.

집에 돌아와 보니 팔일오 기념식장에서 육영수 여사가 총에 맞았다는 뉴스가 나왔다. 그때는 어려서 정치가 무언지, 독재가 무언지 모르던 시절이어서 그저 무서웠지만 팔일오는 내 머릿속에 강렬하게 남았다. 그즈음 내 심장을 뜨겁게 뛰게 하던 일제강점기 영화, 드라마, 소설들의 영향으로 8월 15일은 나에게 가장 인상적이고 역사적인 날이 되었다.

처음으로 이메일을 쓰기 시작한 시절, 아이디라는 것을 정해야 했다. 나를 상징하는 닉네임이기 때문에 조금 고심했다. 그때 나에게 떠오른 것은 팔일오였다. 그날은 단순히 우리나라의 해방만을 의미하는 것이 아니다.

인간은 어떠한 억압에도 구속당하지 않고 자유 의지를 가진 존엄한 존재여야 한다고 생각했다. 그런 상징으로 '815'를 이메일 아이디에 넣고 그 기쁨을 표현한 단어, 'joy'를 함께 넣었다. 나는 내 이메일 아이디 'joy815'처럼 그렇게 살고 싶었다.

그리고 몇 년 전 8월 15일, 엄마가 돌아가셨다. 엄마가 여자로 태어나 살며 오빠와 나를 낳았는데 돌아가실 때 자식은 하나뿐이었다.

모든 게 부질없는 듯 허무하게만 느껴졌다. 나는 엄마의 묘도 만들지 않았다. 장례도 문상객을 정중히 사양한 채 가족들과 조용히 치렀다. 나는 가장 조용히 그러나 마음 깊이 엄마의 죽음을 새기며 진심을 다해 보내드렸다.

왜 그렇게 하는지 의미도 잘 알지 못하는 진부한 의식들을 엄마의 죽음에 덧입히고 싶지 않았다. 그 대신 내가 죽으면 꼭 그렇게 하고 싶은 나만의 의식대로 보내드렸다. 엄마가 좋아하셨는지 아니면 싫어하셨는지는 모르겠다. 싫어하셨어도 할 수 없다.

오늘은 8월 15일.

엄마가 돌아가시고 난 후 자주 가는 남산 길에 있는 아름드리 벚나무 한 그루를 '엄마 나무'로 정했다. 그리고 산책길을 오가며 엄마 나무를 향해 인사한다.

"엄마, 안녕?"

'시작'은
언제나 위대하다

어린 내가 달리는 자전거를 바라본다. 눈은 호기심으로 동그랗게 뜨고, 입은 긴장감으로 웃을락 말락 씰룩인다.

처음 자전거에 손을 대보고 올라타 두려움이 넘실거리는 저 너머를 바라보며 첫 페달을 밟는다. 나아가고, 부딪치고, 나동그라지고, 다시 올라타고, 멍이 들고······.

죽을 만큼 힘들게 수직과 수평 사이의 균형을 잡는다. 드디어 바람을 가르며 달려간다.

크고 나서도 종종 길바닥에 처박히고, 무릎이 깨졌다. 때론 자전거가 심하게 망가지기도 하지만 나는 자전거를 탔다. 그리고 기억한다. 시간을 가르고 달려온 자전거의 속도를. 시간의 길 위에 그려진 자전거 바퀴의 자국들을.

내가 사랑을 바라본다. 빛나는 눈으로 미소를 짓는다.

손 내밀어 사랑을 잡는다. 함께 걸어간다. 넘어지고 깨지고 아련한 사랑을 한다. 소망과 두려움이 넘실거린다.

죽을 만큼 힘들게 자각과 맹목 사이의 균형을 잡는다. 사랑을 하며 살아간다.

사랑이 아프면 사랑으로 덧대었다. 사랑이 허물어지려 하면 사랑으로 둑을 쌓았다. 매번 빠져나가도 주머니에는 늘 사랑이 채워져 있었다.
사랑을 조용히 바라본다.

나는 자전거를 배웠고, 사랑을 시작했다.
내 인생에서 시작은 언제나 위대했다.
두렵기만 했던 시작의 순간이 나를 이루었다.

시작을 하느냐 안 하느냐는 하늘과 땅 차이다.

나는 두렵지만 늘 '시작'했다.
'시작이 반'이라고 하는데, 아니 '시작은 반도 넘는다.'

매일, 오늘이 시작이고 최선이다.

아직은
때가 아닌가 봐

나는 포르투갈 여행 중 '렐루서점(Livraria Lello)'에서 사 온 하드커버의 두꺼운 공책에 시를 필사하고 삽화를 그려 넣는다.

그러다가 〈스며드는 것〉이라는 안도현의 시를 필사하게 되었다. 꽃게가 게장으로 담가질 때 자신이 품고 있던 알을 껴안으려고 버둥거리다가 살 속에 스며드는 간장을 어찌할 수 없어 어미로서 알들에게 마지막으로 했을 말이라고 적은 작가의 시 구절은 정말 가슴이 아프다.

저녁이야.
불 끄고 잘 시간이야

읽지 말아야 할 시다. 심장이 약하거나, 간장게장을 좋아하는 사람이라면.

이 시를 읽었을 때, 모성이고 뭐고 나 역시 충격을 받았다.

내가 처음으로 간장게장에 도전했을 때가 떠올랐다. 그때 백종원은 없었다.

딸아이가 간장게장이 먹고 싶다고 해서 요리에 서툰 내가 퇴근길 시장에서 싱싱하게 살아있는 꽃게를 사 들고 걸어왔다. 오는 길에 비닐봉지를 뚫고 나온 날카로운 집게다리에 긁혀 내 다리에 피가 났다. 비장한 마음으로 간장게장을 담그려고 했는데, 막상 꽃게가 무서워 딸을 불렀다. 딸과 함께 봉지를 열어보았다.

"악! 눈이 마주쳤어!"

어떻게 하지? 게가 아직 살아있다. 다른 사람이 만들어준 건 맛있게 먹었는데, 살아서 내 눈을 빤히 쳐다보는 게 위에 끓여 식힌 간장을 부을 수는 없었다.

'눈이 따가우면 어쩌지.'

저절로 죽을 때까지 기다릴 생각으로 꽃게들을 냉장고에 넣어버렸다. 다음 날, 다시 시도하려고 봉지를 살짝 열었는데 아직도 꽃게 다리는 꿈틀대고 있었다.

'아, 아직은 때가 아닌가 봐.'

다시 봉지를 닫고, 냉장고 서랍을 닫고, 냉장고 문을 닫고, 가슴을 쓸어내렸다. 냉장고에 넣은 지 삼일 정도 지났을까. 움직임이 둔해진 꽃게를 들어 물로 씻으려는데, 눈알이 쑥 튀어나왔다.

"악!"
"그 눈에 간장을 못 붓겠어."

내가 비명을 지르니 딸이 나와 덩달아 소리를 질렀다. 그러고는 용기 있게 자신이 눈알을 빼주겠단다. 딸이 조심스럽게 눈 주변을 칼로 툭툭 치니 눈알이 더 튀어나오는 것 같았다. 방법을 바꾸어 이번에는 집게로 눈알을 잡아당겨 빼려고 했다. 그러자 게 눈알에 연결된 신경이 길게 늘어졌다.

그날 우리 집 부엌은 두 여자의 비명 소리로 울림 좋은 스피커를 틀어놓은 것 같았다. 어찌어찌하여 꽃게들은 간장 속에 들어갔다.

 며칠 후 간장게장을 저녁상에 내놓았다. 약간의 기대감을 가지고 게딱지를 열어보았는데, 살이 하나도 없었다. 냉장고 안에서 제 살을 축내며 생명을 이어간 것이다. 살생하지 않으려다 게들을 아사시킨 꼴이 되었다.

 나중에서야 싱싱한 꽃게를 바로 냉동실에 넣었다가 게장을 만들어도 된다는 걸 알게 되었다. 하지만 다 소용없다. 그 이후로 난 다시는 게장을 집에서 할 생각이 없어졌으니까.

넌 내게
너무 중독적이야

떠올리면 0.1초 만에 입가에 미소가 지어지는 딸이 있다. 엄청 이쁘고 매력적이다. 작은 키의 나에게서 진화되어 늘씬하기까지 해 어떤 옷을 입어도 멋이 차오르는 딸이다. 유머와 재치가 있어 함께 있는 순간순간을 숨넘어가게 깔깔댈 수 있다.

그런 딸에게 나는 별칭을 하나 붙여주었다.

'스.스.쏘.스.'

커 가면서 엄마보다 더 성숙하고 지혜로워 인생 상담도 해주는 딸. 그래서 내게는 '스위트, 스위트, 쏘, 스위트'다. 그런 딸이 어느 날, 작업하다 말고 갑자기 제안했다.

"엄마, 편의점 갈까?"

그래서 나는 0.1초 만에 토끼처럼 일어나 잠옷 위에 털모자 달린 파카를 걸쳐 입었다. 그런데 거울을 보니 몰골이……. 나도 모르게 화장대 위에 있던 립스틱을 잽싸게 집어 들어 입술에 문댔다. 그 광경을 본 딸이 깔깔 웃어댔다.

"마스크 쓸 거 아냐?"

그렇다. 마스크를 쓸 건데……. 쩝.

밖에는 보름달이 훤했다. 더구나 갑자기 추워진다고 해서 파카를 입었는데, 막상 나오니 너무 온화했다. '파카 입기에는 좀 이른가?' 버스 정류장에 있는 사람들을 지나다가 내 옆에서 걸어가는 딸을 흘깃 보았다.

언제든 같이 다니면 자랑스럽고 기분 좋아지는 딸. 그런데 그날만은 예외였다. 커다란 토끼가 여기저기 그려져 있는, 무릎이 툭 튀어나와 짧아진 잠옷 바지를 입고, 하루 종일 샤워도 안 해 떡진 머리카락이 뒤집어쓴 후드 티 사이로 미친년처럼 비집고 나와 펄럭이고 있었다. 그 위에 밖에서 노숙할 것만 같은 파카를 걸치고 마스크를 쓰고.

영화 <기생충>의 '초인종 씬'인 줄! 살짝 부끄러웠다.

빵집 앞 횡단보도를 건너기 전 시각은 밤 10시 59분이었다. 마감 시간에 1분이라도 늦을까 걱정되었다. 그래도 체면을 차리느라 무단횡단으로 뛰어가고 싶은 마음을 겨우 꾹꾹 눌렀다. 다행히 빵집 사장님은 친절하게 기다려주셨고, 덤으로 남은 빵까지 주셨다.

그리고 밤참을 제대로 먹기 위해 편의점 두 곳을 들러 이것저것 고르고 있었다. 계산대 근처에 있던 나에게 편의점 사장님이 대뜸 물으셨다.

"딸이에요?"

사장님이 눈짓하는 곳에는 토끼 잠옷 바지를 입고 이쪽저쪽 왔다 갔다하며 과자를 고르는 딸이 있었다.

순간 쪽팔리는 마음에 '아니에요!'라고 대답하고 싶었지만, 마침 뒤에서 "엄마!" 하고 부르는 딸 목소리에 "네."라고 대답할 수밖에 없었다.

돌아오면서 우리는 서로를 놀렸다. 나는 '이렇게 못생긴 딸은 처음이라고.', 그리고 딸은 '마스크 쓸 건데 립스틱을 발랐다'고 낄낄거리면서.

누군가와 마음 편하게 농담할 수 있다면 그건 얼마나 행복한 관계일까. 상대방에게 무장해제당하는 그 느낌. 그건 필시 그 사람에게 중독되는 거겠지.

'넌 내게 너무 중독적이야.'

늘 제자리를 지키고 있다는 것

어릴 때부터 아버지 손을 잡고 올라갔던 곳이 있다. 바로 남산 팔각정. 어린이날 친구와 갔다가 식중독에 걸렸던 남산어린이회관. 재수할 때 가끔 답답한 가슴을 쉬러 갔던 남산공원. 학창 시절 다녔던 남산도서관. 친구와 거닐며 대화를 나눴던 남산공원분수대와 남산야외식물원. 연애할 때 오르고 내렸던 남산 계단. 어린 딸을 데리고 탔던 남산케이블카. 딸의 초상화를 그려주던 화가가 앉아 있던 남산 꼭대기 오르막 계단. 돈가스를 먹었던 남산타워 전망대 레스토랑. 아플 때나 건강할 때나 남편과 함께 걷는 남산 산책로.

그리고 엄마 나무.

있다가 없어지면 그것의 소중함을 안다지만, 늘 그 자리에 있는 것들에 대한 소중함을 깨닫는 것은 사실 어렵다. 난 요즘 문득문득 그 자리에 있는 것들의 소중함에 대해 생각한다. 뭐라고 정의해야 할지, 얼만큼이라고 표현해야 할지 한참 고민했지만, 결국 답을 찾지는 못했다. 그냥 가늠할 수 없을 만큼 크다는 정도.

내 곁에 있는 것들.
때로는 나를 떠나가기도 하지만, 늘 그대로 곁에 있는 것들을 지그시 바라보는 것으로도 위안이 된다. 어떻게 그대로 있을 수가 있을까? 신기하다.

사람이 있건 없건 상관없이 그 자리에 있는 남산 커피 트럭. 사람이 한 명도 없는 모습을 생전 처음 본 남산 팔각정. 남산에서 바라본 관악산 정상의 불꽃 모양 봉우리. 늘 바라보며 미세먼지 정도를 측정하던 인왕산, 북악산, 북한산, 도봉산, 수락산 능선이 보이던 북쪽 산책로 전망대. 그리고 늘 그 자리에 있다가 이맘때 되면 피어나 '개나리인가?' 하고 착각하게 만드는 영춘화. 봄이면 개화를 장전하고 있는 목련. 산수유…….
그리고 좀 천천히 깨어날 벚꽃, 푸른 녹음, 초록이 지칠 때쯤 들 단풍, 그 위에 살포시 내릴 눈…….

그래, 늘 그때 그 자리에 네가 있었지. 어디 안 가고.
나도 어디 안 갈게.
하지만 버티다 어딘가 가게 되면 말할게.
'나 간다고. 많이 고마웠다고.'
그때도 너희는 그 자리에 잘 있어라.
그리고 또 다른 사람의 곁에 늘 있어라.

라라조이의 언어 사전 03

[꿈]

사전적 의미 :
1. 잠자는 동안에 깨어 있을 때와 마찬가지로 여러 가지 사물을 보고 듣는 정신 현상.
2. 실현하고 싶은 희망이나 이상.
3. 실현될 가능성이 아주 적거나 전혀 없는 헛된 기대나 생각.
- 표준국어대사전 -

라라조이의 의미 :
쉽진 않지만 꾸면 이루어질 것들.

꿈이 잘못했네

꿈에 밟히다.
꿈을 깨다.
꿈도 못 꾸다.
꿈에도 생각지 못하다.

꿈에 대한 관용구들은 읽다보면 다 슬프다.

꿈을 이루지 못 하고 산 세월이었나 보다.

그러면 꿈이라는 단어는 왜 존재했을까?

꿈이 잘못했네.

꿈은 이제라도 충실히 제 역할을 다해서, 미래 사전에는 기쁨에 찬 관용구들로 가득 차기를 바란다.

Chapter 04

흥나게 살기에도
시간이 부족해

포르투,
절로 흥이 나는
버스킹의 성지

'인도, 포르투갈 여행'의 맨 마지막 여정은 포르투갈의 포르투였다. 포르투라는 곳을 알기 이전에는 포르투갈을 그렇게 줄여 부르나 하고 생각한 적도 있었다. 하지만 포르투는 수도 리스본에 이어 포르투갈의 제2의 도시라고 불릴 만큼 발전된 하나의 도시였다. 많은 사람들이 포르투갈을 여행하기 위해 꼭 들르는 곳이기도 하고. 나를 포함한 드로잉 팀도 이 도시에 발을 들여놓게 되었다.

포르투갈에서 가장 오래되었다는 렐루서점이 먼저 보였다. 그곳은 조앤 롤링이 《해리 포터》 시리즈를 쓸 때 영감을 받은 곳이라고 한다. 렐루서점에서 폰테 도스 레오스(Fonte dos leoes) 광장이 보였다. 그곳에는 버스킹(busking, 사람들이 많이 다니는 길거리에서 공연하는 것을 말한다.)하는 사람이 기타를 치며 비틀스의 노래를 부르고 있었다.

포르투에 도착했을 때부터 들리는 감미로운 노랫소리가 그의 것이었나 보다.

여행지에 가면 그곳만의 특별한 느낌을 갖게 된다. 대부분 그곳에서 마주친 것들의 영향 때문이리라. 날씨나 음식, 만난 사람 등.

포르투는 노래였다.

노랫소리는 퍼져서 광장 앞 건물과 멀리 있는 카르무 성당(Igreja do Carmo)까지 휘돌아서 분수대의 물줄기를 타고 내려오는 듯했다. 그곳에서 노래를 감상하던 우리의 마음이 부드러워졌다.

우리는 광장에서 짧은 시간 그림을 그리기로 했다.

"노래 버스킹하는 사람 주위에서 드로잉 버스킹을 하자! 버스킹 콜라보, 어때?"

즉흥적으로 시작된 드로잉 버스킹으로 우린 흩어져서 앉거나 서서 각자 그림을 그리기 시작했다. 성당과 분수대, 버스킹 하는 사람, 광장에 모인 사람들을.

그때의 그 바람이 아직도 느껴지는 듯하다.

우리가 그림을 그리는 동안 주변을 사진 찍던 빨간 옷을 입은 내 친구는 그저 버스킹에 홀딱 빠져 행복한 미소를 지으며 바라보고 있었다. 내가 다가가자 친구는 자신이 좋아하는 노래를 그에게 신청하고 싶다고 했다.

갑자기 그 옛날 디제이 오빠에게 신청곡을 수줍게 써서 내밀던 시절이 떠올랐다.

나는 친구를 위해 그림 수첩 뒷장을 펼쳤다. 그리고 다음과 같이 썼다.

'Imagine.'

친구는 먼발치에서 그가 노래를 부르는 와중에 메모를 보고 살짝 고개를 끄덕이자 부끄러워하며 토끼처럼 뛰어 내 곁으로 왔다.

잠시 후 신청곡이 흘러나올 때의 친구는 내가 본 것 중에 가장 행복하고 아름다운 표정을 짓고 있었다.

'포르투는 이제 그녀의 것이구나.'

그 뒤에도 음악은 계속 이어졌다. 내가 아는 곡들이라 신이 났다. 분수대와 성당을 그리던 나는 그림은 집어치우고 춤을 추기 시작했다. 주체할 수 없는 흥이 차올랐다.

바람이 내게 왔다.
포르투가 나에게도 왔다.
정말 행복해하는 친구 덕분에 나도 행복해졌다.

개의
행복

　인도의 개들은 누워 있었다. 사람들이 지나가건 말건 상관하지 않고 그들의 시간을 보냈다. 길가에서건 유적지에서건. 인도에서는 개들이 짖는 것을 거의 본 적이 없다. 짖을 이유도, 짖어서 얻어낼 것도 없는 듯이 보였다. 사람이 지나가도 곁에 오지는 않았다. '너는 네 갈 길을 가고, 개는 개 갈 길을 간다.' 처럼 보였다. 서로 상관하지 않으며 같은 공간을 나눠 쓰는 것 같았다.

　뛰어다니는 개들도 별로 본 적이 없다. 우리나라가 못살았을 때 어른들이 배 꺼진다고 아이들을 뛰지 못하게 한 것처럼 에너지를 아끼듯이 누워서 자고 있다.

인도를 여행하는 열흘 중 한 번은 그나마 힘이 넘치는 개들을 본 적 있다. 두 마리가 어딘가로 뛰어가고 있었다. 하지만 일반적인 한국의 개를 떠올렸을 때와 비교하면 아주 느린 속도였다.

'개들에게 무슨 일이 일어난 건가? 아니면 드물게 있는 반항적인 날라리 개들일지도 모르지.'

우리나라에서는 가끔 줄을 매지 않은 개들이 곁을 지나갈 때면 약간의 위협을 느끼곤 했다. 하지만 인도의 개들은 전혀 위협적이지 않았다. 내가 "익스큐즈 미!" 하고 살짝 지나갈 정도로 공간을 확보해주었다. 인도에는 사람과 개, 소가 어우러져 살아가고 있는 것 같았다.

인도를 떠나 포르투갈에 가니 전혀 다른 풍경이 눈에 들어왔다. 리스본의 개들은 주인 손에서 잘 길들여져 줄을 매고 기품 있게 산책하고 있었다.

카스카이스(Cascais) 해변에 누워 있을 때는 개들이 마구 뛰어다니는 것을 보았다. '무슨 일이지?' 하고 자세히 보니 개 세 마리가 전속력으로 바다로 뛰어들었다가 모래사장으로 나오기를 반복하는 것이었다. '개들이 해수욕을 즐기나?' 하고 계속 바라보니 함께 산책하는 주인이 공을 바다로 멀리 던지면 세 마리의 개들은 동시에 바다로 뛰어들어 공을 물고 오는 놀이를 반복하는 것이었다. 그 개들은 늘 그런 놀이를 하는 듯 바다에서 첨벙청벙 즐기는 듯 보였다.

그 모습이 좋아 보여 작은 수첩을 꺼내 그림을 그렸다. 포르투갈 개들도 사람들과 함께 어우러져서 잘 살아가고 있는 것 같았다.

그러다 우리 집 개가 생각났다. 직장에 나가는 맞벌이 부모로 인해 아이들이 외로울까 봐, 태어난 지 얼마 안 된 강아지를 데려와 함께 살게 되었다. 이름은 '루비'. 아이들이 강아지가 태어난 7월의 탄생석, 루비로 이름을 붙여주었다. 참 사랑스럽고 빛나는 루비였다.

우리는 개를 사랑했지만 집은 개판이었다. 너무 어린 강아지를 데리고 와서 엄격하게 배변 교육을 시키지 못했으며, 바빠서 산책도 잘 못 했다. 나중에는 내가 대학원까지 다니느라 목욕도 제대로 시키지 못할 때가 많았다.

그러던 어느 날, 오랜만에 밤 산책을 나갔다가 루비를 잃어버린 적이 있다. 애타게 찾던 얼마 후 아파트 상가에 길 잃은

개를 데리고 있다는 소식을 듣고 찾으러 갔더니, 데리고 있던 사람이 개를 씻기지도 않고 학대했다며 루비를 돌려주지 않으려고 했다.

'개한테 물어봤냐고!',
'개가 얼마나 행복한지! 너희들이 개 속을 알아?'

우린 루비와 함께 살았다. 지금 생각하면 개도 어리고, 아이들도 어리고, 나도 어렸던 것 같다. 가끔은 모든 상황이 버거워 두 다리 뻗고 마루에 앉아 아이들과 함께 엉엉 운 적도 있을 정도니까. 그때 루비도 우리와 함께 울었는지 모르겠다. 그저 우리 옆을 빙빙 맴돌았던 것 같다.

나는 인도의 개가 행복한지, 포르투갈의 개가 행복한지, 우리 집 개가 행복했을지 잘 모르겠다. 그저 저마다의 생을 살아가고, 따로 또 같이 살아간 것이 아닐까.

지금은 개를 안 키운다. 아이러니하게 개가 없는데도 불구하고 우리 집은 가끔 개판이 된다.

누구의 마음도
잠가둘 수 없지만

한때는 영원한 사랑이나 변치 않는 사랑이 존재한다고 생각했다. 아니 존재해야만 한다고 믿었다. 하지만 지금은 누구의 마음도 잠가둘 수 없다는 걸 안다. 그래서 연인들은 자물쇠를 열심히 잠가 순간의 사랑을 잡아놓으려는 것일까?

'남산공원 사랑의 열쇠 광장' 펜스에는 사랑의 자물쇠가 많이 매달려 있다. 이것은 아직 단단하지 않은 사랑을 자물쇠로라도 채워 서로의 사랑에 대한 소망을 빌어보는 거겠지.

사랑에는 유효기간이 있다는 말에 약간 동의한다. 문학에서나 실제에서나 운명적인 사랑은 거의 요절한 연인과의 연애담

에만 있기 때문이다. 아니면 오랫동안 만날 수 없는 상대를 그리워하며 혼자만의 감정을 화석처럼 지켜온 것이든지.

지금 남산공원에는 자물쇠를 파는 자판기가 생겼다. 예전에는 자물쇠를 잠그고 다시는 못 열게 한다는 의미로 열쇠를 남산 숲으로 던지기도 했는데, 요즘은 열쇠 넣는 함에 넣는다. 그리고 그 함에는 열쇠를 던지는 행위는 환경을 저해한다는 문구가 걸려 있다.

수많은 자물쇠 위에 적힌 이름과 문구들을 읽으면서, 이중에 얼마큼의 연인들이 지금까지 사랑을 지속시키고 있을지 궁금해졌다. 어떤 사람은 찾을 수만 있다면 절단기를 가져와 자르고 싶을지도 모른다. 아니 벌써 잘랐을 수도 있다. 또는 다른 사랑을 위해 자물쇠를 하나 더 걸었을 수도 있다.

실은 자물쇠 자체는 영원할 수 없다. 어느 정도의 시간이 지나면 무거워져 펜스가 무너질 수 있기 때문에 철거하니까. 그렇다면 사랑도 영원하지 않다는 게 아닐까.

회의적이긴 하지만 자물쇠를 채운 사람들의 변함없는 사랑을 기원한다.

나도 사랑 비슷한 것을 간간이 모으려고 노력하며 살아가고 있다. 자물쇠로 채우지는 않지만.

물론 누구의 마음도 잠가둘 수 없다는 걸 안다. 내 마음조차도. 하지만 서로를 위해 손깍지는 낄 수 있지 않을까. 서로 손을 잡고 있으면, 따듯함이 오래 남으니까. 그 기억으로 촉감으로 우리는 살고 있을 테니까.

나의
최애템

엉뚱한 발상
우연한 인연
슬픔이 있는 아름다움
재치 있는 농담
아주 가끔 고독하기
즉흥적인 여행
달리는 차창 밖으로 소리 지르기
하늘 보고 누워 있기
맨발로 걷기
진심으로 장난치기
높은 바위 올라가기

아무 데서나 춤추기

내 초록 의자에 앉아 글 쓰고 그림 그리기

사랑하는 사람들

빨간 머리 앤

새우깡

청록색

가슴 울리는 노래

노천카페

엄마 나무

벚꽃 흩날리는 남산

바람 바람 바람

등

좋아하는 것이 많다는 것은 즐겁고 기쁜 일이지만, 그것이 사라지거나 이루어지지 않을 때 더 괴롭고 슬픔이 큰 것 같다. 나는 대학교에 들어갈 때 내 삶의 폭을 어떻게 정해야 할지 고민했다.

첫째, 소소하게 살면서 기쁘면 소박하게 기쁘고, 슬프면 그것도 별 탈 없이 슬프게 사는 삶.

둘째, 도전이라고 할까, 도박이라고 할까? 삶의 매 순간마다

'할까? 말까?' 갈등하는 순간, '하자'를 선택해서 위험성이 큰 만큼 성취와 실패에 따른 폭도 큰 삶.

난 후자를 택했는데도 불구하고 소소하게 살고 있다. 그저 그러한 가치관을 추구할 뿐이니까.

자신이 삶의 방식을 스스로 정할 수 있을까?
어떻게 정하든 그건 원래 자기 삶의 방식이 아닐까?

자기 자신을 뛰어넘을 수는 없는 거지. 그저 자신이 가는 길에서 오솔길을 하나 내고, 시내를 살짝 만들고, 길가에 자신이 좋아하는 꽃을 심으며 가는 거라고 생각한다. 가는 길에 새가 날아오거나 소나기가 내리거나 무지개가 뜨는 것은 내가 할 수 있는 일이 아닌, 길 위에서 만난 우연이겠지.

나는 좋아하는 게 많다. 그 대부분 자잘하고 소소한 것들이다. 그것들이 문득 사라질 때마다 슬퍼지긴 하겠지만 좋아하는 것이 많아 행복하다. 아주 가끔 좋아하는 것이 많다는 것은 어쩌면 욕심이 많다는 것일 수도 있다는 생각도 한다. 집착이기도 하고. 하지만 나한테 '산은 산이고, 물은 물'이려니 하고 사는 것은 정말 쉽지 않은 일이다.

지금 이 순간에도 나는, 내가 좋아하는 초록 의자에 앉아 내가 좋아하는 글을 쓰고 있다. 그리고 나서 내가 좋아하는 '책 읽어주는 유튜버'의 목소리를 들으며 잠을 자려고 한다. 사각거리는 하얀 이불 속에서 오늘은 벚꽃 잎이 흩날리는 풍경을 떠올리며 잠들 것이다.

그리고 앞으로도 나는 내가 좋아하는 소소한 것들의 목록을 늘릴 것이다.

그게 내 행복이니까.

달과 태양, 우주와 하나 된 날

그때, 거기. 일식이 있다는 날이었다. 이날이 지나면 또 10년 후쯤에나 이런 일식을 다시 볼 수 있다나.

자동차에 연료가 떨어져 길가 주유소에 잠시 들렀다. 주유하는 동안 우리는 한적한 동네를 멍하니 바라보다가 앞에 붙어 있는 현수막을 보았다.

'수국 축제, 상효원'

문구 중 '수국', '수국', '수국'만 눈에 들어왔다. 그때 주유소 아주머니가 수국 축제 50퍼센트 할인권을 들고 오셨다. 우리는 눈이 홰~액 돌아서 잠시 수국만 보고 가자며 차를 반대 방향으로 돌렸다.

상효원에 들어가면서 '커피 한 잔씩 마시고 가자.'라는 의견에 카페를 들르느라 시간이 지체되었다. 걷다가 예쁜 정원이 나타나 밀짚모자를 돌려쓰며 사진을 찍느라 또 시간이 지났다. 마침내 넓은 잔디밭에 큰 나무 두 그루가 서 있는 곳에 도착해서야 우리가 가야 할 곳은 '그 어디도 아니고 이곳'이라고 의견을 모았다.

그곳에는 연보라, 청보라, 핑크, 인디언 핑크, 자주, 하늘색의 '수국'들이 흐드러지게 피어 있었으나 우리에게 사실 '수국'은 중요하지 않았다. 그곳에서 느껴지는 한가로움과 편안함에 취해 있었다. 그리고 넓은 잔디밭의 '부부나무'라 불리는 두 그루의 큰 나무가 뿜는 알 수 없는 기운이 강렬한 에너지로 우리에게 와 닿았다.

'제주 상효원', 이곳 정원을 한 바퀴 돌다가 숲속에 긴 나무 의자들이 놓인 곳에서 우리는 자연스럽게 의자 하나씩 차지하고 드러누웠다. 누워서 본 세상은 낯설고 신기했다. 나뭇잎들 사이로 하늘이 있는 건지, 하늘 사이로 나뭇잎들이 있는 건지 알 수 없었다. 꿈에서 깨어나 내가 나비인지 나비가 나인지 몰랐던 장자처럼.

오후 4시 44분쯤. 일식은 절정으로 치닫고 있었다. 별도의 도구 없이 선글라스만 끼고 보아도 달에 의해 태양이 사라지는 게 선명하게 보였다.

누군가 오늘 일식이 일어날 때 기도하면 천 배의 효과를 얻는다고 하였다. 어쩌면 소원은 빌고 또 빌어도 일평생 고갈되지 않는단 말인가. 마침 근처에 큰 바위가 여러 개 있어 우리는 각자 자리를 잡고 앉아 명상하기 시작했다. 그 순간 우리는 간절한 갈망에서부터 소소한 소원 사이를 누비다가 진짜 명상에 빠져들었다.
부는 바람에 숲과 주변이 흔들렸을 것이다. 하지만 그 순간 바람은 멈춘 듯했다. 솔가지 하나 움직이지 않는 것 같았다.

나는 그 순간을 달과 태양과 우주와 내가 연결된 멈춤의 시간이었다고 생각한다. 엄청난 기운이 우주에서 와 나를 통과해 지나간 것처럼 느껴졌다.

내가 앉았던 바위 밑 땅속에서부터 머리 위 숲의 공간을 넘어, 일식이 일어나고 있는 달과 태양을 넘어 그 어디까지인지 알 수 없는 곳까지 연결되었던 그 느낌을 지금도 기억한다.

나는 누구이고, 이곳은 어디인가.
나는 어디에서 왔으며, 어디로 가는가.

얼마나 시간이 지났을까? 눈을 감기 전부터 몇 발자국 떨어진 곳에서 빤히 바라보던 노루는 우리가 눈을 뜰 때까지 주변에서 떠나지 않았다.

우리는 눈을 떠 서로를 바라보며 조용히 미소 지었다.

그때
그곳에
우리가 있었다.

그 많은 꽃은
누가 다 가져갔을까?

꽃
꽃
꽃

꽃이 많기도 하다.
그런데 꽃을 많은 이들이 가져간 것 같다.

그 많던 꽃은 누가 다 가져갔을까?

진달래는 소월이 가져갔고,
모란은 영랑이 가져갔고,

국화는 서정주가 가져갔으며,
노란 장미는 릴케가 가져갔고,
접시꽃과 흔들리며 피는 꽃은 도종환이 가져갔으니 욕심도 많다.

꽃 자체는 김춘수가 가져갔고,
낙화마저 이형기가 가져갔으니,
허, 이것 참!
찔레꽃은 장사익이 가져갔고,
벚꽃은 장범준이 가져갔으니
남은 꽃이나 있으려나…….

꽃이야 먼저 가져가는 사람이 임자인데!

하지만 그들은 한 편의 시와 가락에만 취했을 뿐, 세상천지에 꽃들을 그냥 다 두었다.

언어유희

- 오늘의 단어 -

남산을 걸으며 개나리와 진달래를 보았다.
"개나리는 '나리'라는 말에 '개'가 붙은 거고, 진달래는 '달래'라는 말에 '진'이 붙은 거지."
참 언어라는 것은 재미있다는 생각을 했다.

[다시 사전 찾아보기]

• 개 : 『접사』
1. (일부 명사 앞에 붙어) '야생 상태의' 또는 '질이 떨어지는', '흡

사하지만 다른'의 뜻을 더하는 접두사.
예) 개금, 개꿀, 개떡, 개먹, 개살구, 개철쭉

2. (일부 명사 앞에 붙어) '헛된', '쓸데없는'의 뜻을 더하는 접두사.
예) 개꿈, 개나발, 개수작, 개죽음

3. (부정적 뜻을 가지는 일부 명사 앞에 붙어) '정도가 심한'의 뜻을 더하는 접두사.
예) 개망나니, 개잡놈

- 표준국어대사전 -

이번에는 3번의 '예'가 눈에 확 들어온다.

내가 늘 주장하던 얘기. 욕은 안 써야 하는 나쁜 말이 아니라, 적재적소에 꼭 맞는 욕을 골라 쓰는 것이 '올바른 언어생활'이라고!
아주아주 나쁜 놈한테 좀 약한 욕을 쓰는 건 실례다.

- 그녀의 이름은? -

얼마 전 남편이 헤어숍에서 머리를 잘랐다. 이번 커트는 잘됐다고 매우 마음에 들어했다. 그 헤어디자이너에게 다음에도 똑같은 스타일로 커트하고 싶다고 했다. 하지만 다시 커트할 때가 되어 예약하려고 홈페이지에 들어가자, 그 디자이너의 얼굴을 찾아낼 수가 없었다.

사실 남편은 사람들 얼굴을 잘 기억하지 못한다. 유명 영화배우 얼굴도 헷갈려서 전혀 다른 사람을 '그 사람이지?' 하고 말해 나를 기막히게 한다. 그래서 남편이 얼굴로 그 사람을 찾아낸다는 건 어려운 일일 것이다.

결국 남편은 헤어숍에 전화를 걸었다.

"안녕하세요. 제가 저번에 거기서 머리를 잘랐는데……. 그분 이름을 알고 싶어서요. 누구, 누구라고요? ……설사요?"

그 대화를 옆에서 듣고 있던 나는 화들짝 놀라 '풉' 하고 웃었다.

'설마 디자이너 이름이 '설사'겠어?'

속으로 생각하면서 나도 모르게 남편의 계속된 통화에 집중하고 있었다.

"선사요?"

"죄송하지만 앞부분이 뭉개져서 잘 못 들었습니다."
"아! 앞 자가 '눈 설'자, 설이요?"
"그럼, 설사?"

이제는 알겠다는 듯 크게 외쳤다. 그 순간 핸드폰을 통해 답답해하는 상대방의 마음이 나한테까지 전달되었다.

"……."
"아! '설화'요!"

미친다. 남의 '눈꽃'처럼 예쁜 이름을 '설사'라고 하다니!

- 커피 체인점의 닉네임 -

커피 체인점에 가면 커피에 닉네임을 표시하여 구분해주기도 한다. 언젠가 커피 나오기를 기다리고 있는데, 직원이 큰소리로 외쳤다.

"삐약삐약 병아리 고객님, 주문하신 음료 나왔습니다."

뒤에서 발소리가 들려 돌아보니 푸근하게 생긴 아저씨가 커피를 찾아갔다. 또 한 번은 '마징가Z' 고객님도 있었다.

그 후 재미있는 닉네임이 또 있는지 인터넷을 찾아보니 '경찰청철창살' 고객님, '받자마자 쏟을' 고객님, '친구 없는' 고객님 등도 있었다.

나는 이런 타인의 유머가 귀엽다. 주문을 받는 사람 입장에서는 약간 골탕처럼 느낄 수도 있을까?

그래도 나는 이런 유쾌한 언어들이 세상에 늘 넘쳐나면 좋겠다. 그래서 좀 더 즐거운 세상이 될 수 있도록.

고해소 앞에서 만난 평화

　나는 종종 정기 검진차 병원에 간다. 내가 다니는 병원에는 성당이 있어 으레 1층 성모상 앞에 잠시 서 있다가 안으로 들어가 잠시 쉬기도 한다.

　어떤 때는 기도를 하고, 너무 지칠 때는 기도하듯이 졸기도 하고, 때로는 애달픈 사연이 있는 사람의 기도하는 모습을 보고 눈물을 훔치기도 한다. 그냥 앉아서 고요를 즐기기도, 기도하는 다른 사람의 뒷모습을 보면서 그의 기도를 들어주십사 기도하기도 한다.

　내 기도가 이루어질지는 잘 모르겠으나 살아온 내력을 보면 조금은 통하는 듯도 하다. 물론 이제 가톨릭 신자가 아니다. 대학교 무렵 성당에 다닌 적이 있을 뿐이다.

지금은 그저 다니다가 만나는 성당에, 교회에, 절에, 큰 나무에, 신사에, 하늘에 인사를 보낸다. 인사하는 김에 누군가에게 전해질지도 모르고, 나에 대한 암시인지도 모를 내용을 중얼거리기도 한다.

병원 내 작은 성당에 들어서자 왼쪽 맨 뒤 좌석에 수녀님 한 분이 앉아 계셨고, 오른쪽 좌석에는 가까운 가족이 아픈지 애달프게 기도하는 사람들이 몇 있었다. 애절한 사연은 기도하는 사람의 뒷모습만 보아도 느껴진다. 또 그 오른쪽에 앉아 있는 사람은 자신의 건강을 위해 기도하는 듯했다. 나는 수녀님 앞 텅 빈 곳으로 가 멀찍이 떨어져 앉았다.

아주 짧게 있다가 돌아 나오는데 벽에 네온 불빛으로 '평화를 빕니다.'라는 문구가 반짝 빛나고 있었다. '이런 게 있었나?' 싶어 자세히 보니 고해소 문 옆에 붙어 있었다. 내가 그렇게도 힘들어하던 고해성사! 지금은 고해성사를 하지 않지만 그 글귀만은 가지고 오고 싶었다.

집에 돌아와 저녁 뉴스를 보니 '장애인의 날'이었다. 이날이

구체적으로 무엇을 하는 날인지 정확히 알지 못한다. 나 또한 장애가 없는 일반인이라고 말하기도 어렵다. 우리는 모두 일종의 장애를 가지고 있고 그것이 보이기도 하고 또는 안 보이기도 하니까.

만약 장애가 있는 분들이 무언가 필요하다면 그것이 이루어지도록 돕고 싶다.

그리고 그분들에게 이 말을 꼭 전하고 싶다.

"평화를 빕니다."

그리고 이 말을 나에게도 해주고 싶다.

"평화를 빕니다."

그리고 삶을 살아가는 모든 사람에게 전하고 싶다.

"평화를 빕니다."

되돌아가지
않을 길

드로잉 모임 멤버들은 춘천에서 하는 선생님의 드로잉 전시를 보고 놀기도 할 겸 1박을 했다.

아침에 카톡 울림에 눈을 떴다.

'저희는 자전거 타고 30분 후에 숙소로 돌아갈게요.'

부지런한 팀이 벌써 자전거를 타고 있나 보다. 시계를 보니 여덟 시가 넘었다. 순간 고민이 되었다. 어제 공지천과 의암호 주변을 다 돌면 두 시간이 걸린다고 한 말이 떠올랐기 때문이었다. 일정상 호수를 다 돌 수는 없었다. 그래도 아침 강 안개를 볼 수 있지나 않을까 싶어 세수도 하지 않은 채 옷을 입었다. 핸드폰과 지갑만 주머니에 넣고 나가려다 옆에서 자던 친구를 깨워 함께 나갔다.

자전거를 빌려 타고 강가로 나갔다.

'한 바퀴를 안 돌면 어떤가. 이 강 풍경을 보면서 바람을 맞으며 30분만 돌고 오자.'

짧은 생각에 라이딩을 시작했다. "아, 정말 타길 잘했다." 라는 말이 절로 나올 정도로 아침 풍경은 정말 끝내줬다. 걷던 산책과는 또 그 풍경이 달랐다. KT&G에서 운영하는 춘천 스테이 상상마당에서 강가 카페 '댄싱 카페인'을 지나, 춘천 MBC 방송국을 지나고, 공지천을 바라보면서 달려 내려갔다. 강 안개는 없었지만 싱그러운 아침이 나를 기다리고 있었다. 공지천을 넘어가 카페 이디오피아와 에티오피아 참전비 사잇길로 달렸다. 건너편에서 본 풍경은 또 다른 서정적인 이야기로 다가오는 것 같았다.

달리다가 놓치기 싫은 풍경이 나오면 잠시 멈춰 사진을 찍고, 또 자전거를 애인처럼 벤치 옆에 세우고 강을 바라보기도 했다. 유유자적한 자전거 타기였다.

웬만큼 왔으니 돌아가야 했다. 그런데 친구는 돌아가는 길로 가지 말고 좀 멀더라도 가보지 않은 길로 한 바퀴를 돌자고 했다. 친구와 나는 가지 않은 길을 가보고 싶었다. 하지만 그 길이 어느 정도의 시간이 걸리는 코스인지 짐작조차 하지 못했다.

호수를 다 돌면 두 시간이라고 했으니 못 타는 우리라도 세 시간이면 가겠지.'라고 생각하며 자전거 페달을 더 힘주어 밟았다. 서둘러야 할 것 같아 뒤도 안 돌아보고 달렸다. 아침에 잠깐 다녀올 생각으로 선크림도 안 바르고 선글라스도 챙겨 오지 않았는데, 땡볕이 되어버린 늦은 아침의 햇살은 내 얼굴에 착 달라붙었다.

한참을 달리다 검색해 본 도착 시간은 30분 후였다. 지친 우리 속도로는 두 배나 걸리겠지만 열심히 달리면 되겠지 하고 달렸다. 하지만 가도 가도 강은 하염없이 길게 흘러가는데 건너편으로 넘어갈 수 있는 다리는 보이지 않았다. 이상해서 다시 멈춰 검색해보니, 그 위치에서 숙소까지 가려면 50분 넘게 걸려야 했다.

'아니 어떻게 시간이 늘어나는 거지?'

그제야 우리가 잘못된 방향으로 달리고 있다는 사실을 깨달았다. 가장 빠른 길은 오던 길로 되돌아가는 길이었다.

우리는 이미 몇 시간째 자전거를 타서 지쳐 있었다. 진행 방향으로 가면 유턴할 수 있는 의암댐까지도 70킬로미터를 더 가야 했다. 도저히 불가능했다. 되돌아가기도 몇 시간이 걸릴 터였다. 우리는 다른 멤버와의 시간 약속을 지키기 위해서 빨리 돌아가야 했다.

그래도 침착하게 돌아갈 방법을 찾아보았다. 살다가 하늘이 무너질 것 같은 일들이 일어나도 시간이 지나 돌아보면 어느 쪽으로든 해결되어 있었으니까.

결국 우리는 카페가 있는 풀밭에 자전거를 세우고, 우여곡절 끝에 콜밴을 불렀다. 콜밴을 기다리는 사이 야외에 놓인 의자에서 산들바람을 맞으며 아이스커피를 마셨다.

뒤돌아보니 달려왔던 자전거 길이, 강 풍경이, 벌써 추억처럼 아름답게 보였다. 우리 삶의 한 자락이 되었다.
우리는 둘이 마주 보고 이야기했다.

'되돌아가지 않을 길, 우리가 질주해 왔던 길이 아름다웠다고. 오늘은 참 좋았다고!'

종종 돌아갈 수 있다면 내 삶의 어느 시점으로 돌아가고 싶냐는 질문을 받을 때가 있다. 그럴 때마다 나는 그 어떤 날로도 돌아가고 싶지 않다고 말한다. 내 지나온 삶은 그것 나름대로 의미가 있고 최선을 다했으니까.

다시 돌아가 조금 더 나은 현재가 될지라도 나는 내가 살아온 시간을 바꾸고 싶지 않다. 잘못하고, 실수하고, 가슴이 무너지게 아프고, 정말 없었으면 좋았을 수많은 일조차도 그대로 갖고 싶다. 그게 나니까.

인생이 되돌아갈 수 없는 것이어서 다행이다. 혹 영화 <인터스텔라>처럼 이 우주에선 시간의 개념이 뒤엉켜 있어 현재의 내가 과거의 나를 만날 수 있을지도 모르지만, 단 한 순간도 바꾸고 싶지 않다. 영화 <나비효과>에서처럼 미래에 큰 소용돌이를 일으킬지도 모르는 작은 손짓 하나도 바꾸고 싶지 않다.

어쩌면 그 작은 손짓 하나에도 현재의 사랑하는 모든 것들이 내 곁에 존재하지 않을 수도 있으니까, 고통과 슬픔이 고스란히 내 곁에 머물더라도 나는 과거로 돌아가는 걸 선택하지 않겠다.

나선형 통로에서

딸이 건물 지하 주차장에 차를 세웠다가 빠져나올 때, 소라처럼 뱅뱅 돌며 한참을 올라가야 하는 통로에서 문득 묻는다.

"엄마는 인생이 끝도 없이 이 스파이럴(spiral)처럼 계속되고 아무것도 없다면 그래도 살 거야? 아니면 차라리 죽을 거야?"

벌써 여러 번 이런 질문을 한다.

"스파이럴?"
"나선형."
나는 딸이 어떤 질문을 해도 진지하게 생각하고 대답한다.

어떤 장난이나 농담으로 짓궂게 질문을 해도 난 진지하게 생각해보고 최선을 다해 성심껏 대답한다. 딸에게는 늘 그렇게 하고 싶기 때문이다.

'인생이 변함없이 똑같은 일상이 반복된다 하더라도, 그리고 아무런 변화의 가능성이 없더라도 나는 살고 싶은가?, 그래도 살아야 하지 않을까? 아니면 사나 죽으나 똑같으면 죽어도 상관없는 게 아닐까?'

"넌?"
"글쎄."

아마도 딸은 지금, 자신이 하고자 하는 일을 위해 끝도 없는 일들을 반복해서 하는 것에 지루함과 회의를 느끼는 듯하다. 나도 돌아보면 변화무쌍하게 살아온 것 같지만 별반 처음과 다른 인생이 되어 있지는 않다. 내가 할 수 있는 범위 안에서 이렇게 저렇게 모양만 조금씩 달라졌지 큰 틀은 바뀌지 않은 것 같다. 내가 정작 꿈꾼 것은 어떤 삶이었나 다시 기억해내려 한다. 지금의 나의 삶인가? 그리 멀어지지도 그리 가까이 가지도 않은 것 같다.

'스파이럴',

'나선형',

'헬릭스(helix)'…….

하다가 '시시포스의 신화'까지 나왔다. 우리는 몇 바퀴째 돌고 있는 나선형 주차장 통로에서 졸지에 다시 굴러떨어질 줄 알면서도 큰 돌을 굴려 산꼭대기로 올라가야만 하는 시시포스가 된 상상을 하게 되었다. 그것이 우리가 살아야 하는 숙명인가? 끝을 알면서도 살아가야 하는 인간의 숙명. 끝은 죽음이란 걸 알면서도 어떻게 이리도 하루하루 밥을 먹고, 잠을 자고, 사랑을 하고, 지루해하기도 하며 살아갈 수 있는 걸까?

끝도 없을 것 같던 회색 달팽이관 같은 주차장 통로를 돌아 나오며 어지러워 차 안을 본다. 차라는 안락한 공간이 있다. 그리고 내 옆에 딸이 있다.

'그래, 이 정도면 뱅글뱅글 반복된다고 해도 복닥거리고 살 수 있지 않을까?'

딸에게 해줄 진지한 답변을 찾다보니 어느새 차는 끝날 것 같지 않던 달팽이관을 벗어나 탁 트인 지상으로 나와버렸다.

재밌잖아,
나도 할래

나는 무엇이든 하는 걸 좋아한다.

사랑, 도전, 체험, 까불기, 배우기, 스포츠, 게으름 피우기, 노래하고 춤추기, 좋은 사람과 수다 떨기, 나무와 꽃 보고, 바람 맞으며 걸어 다니기…….

십 년 전쯤 직장에서 '미래에는 무엇을 하고 싶은가'라는 주제로 연수를 받은 적이 있었다. 그때 강사의 질문에 나는 "지금부터 십 년 동안 탐색해볼게요."라고 대답했다. 그 정도면 충분할 줄 알았다.

그 후 퇴직하기까지 7년이 지났는데도 나는 전혀 준비되어 있지 않았다. 시간이 가면 자연스럽게 찾아질 줄 알았는데…….

그래서 일단 놀기로 했다. 그냥 먼저 신나게 놀다보면 찾을 수 있지 않을까. 재미있는 시간을 갖는 게 인생에서 가장 남는 장사인 것 같으니까.

- 기억에 남는 재미있던 것들 -

1. 캐니어닝(canyoning)
구명조끼와 헬멧만 착용한 채 산 위부터 계곡을 타고 내려오는 레포츠. 물에 둥둥 떠가다, 얕은 물은 걷고, 좀 깊은 물은 헤엄치고, 다양한 높이의 바위나 절벽에서 점프로 다이빙하며 네 시간 동안 내려온다.
  캐니어닝을 처음 경험한 곳은 필리핀이었다. 처음에는 20분 쯤 하는 줄 알았다. 하지만 캐니어닝은 그렇게 호락호락하지 않았다. 중간에 포기한다면 계곡을 거슬러 올라 산 위로 도망쳐야 한다는 사실을 깨닫고 이판사판이라는 심정으로 즐기게 되었다. 나중에는 내가 물고기인 줄 착각할 정도로.
  물 위에 누워 둥둥 떠내려가며 바라본 하늘, 하늘이 거의 보이지 않게 뒤덮인 원시 밀림의 풍경은 안개까지 짙어 마치 태초의 모습인 듯 느껴졌다. 감동적이었다. 이렇게 말하면 수영을 잘해야 캐니어닝을 할 수 있는 것 같지만 사실 난 수영 못한다. 그저 구명조끼만 믿었을 뿐.

"조끼야 고마워."

2. 고래상어와 헤엄치기

아침이면 자연 보호 구역의 고래상어가 먹이를 먹으러 해변으로 온다. 그때 우리는 배를 타고 나가서 물속에 들어가 고래상어와 지느러미가 닿을 정도로 가까이에서 황홀한 수영을 할 수 있다. 그들을 보호하기 위해 선크림도 어떤 해를 끼칠 것도 하지 않고 만나러 간다. 그 순한 표정과 움직임. 물지 않는다. 아름답다. 물속에서의 조용한 평화가 물결쳐 내 몸에 울림을 준다.

스노클링(snorkelling)과 스킨스쿠버로 보았던 산호와 거북이, 아름다운 물고기들, 청어 떼들도 인생 풍경이다.

3. 방 탈출

어릴 때부터 추리소설을 좋아했다. 방 탈출이란 곳이 생긴 이후 나는 어떤 곳인지 정말 궁금했다. 호시탐탐 기회를 노리다가 방 탈출에 호기심을 가진 직장 동료 두 명을 꼬셔 들어갔다.

쉴 틈 없이 심장을 쫄깃하게 만든다는 공포의 방도 있었으나 우린 무난한 추리의 방을 선택했다. 첫 번째 방의 첫 문제는 내가 풀었다. 입문 코스로 쉬운 문제였나 보다. 그 후 세 명이 머리를 맞대고 의견을 모았으나 대부분 나를 제외한 젊은 브레인의 눈부신 활약으로 탈출할 수 있었다.

방 탈출은 여러 개의 방을 수많은 추리와 암호를 해석해 열쇠를 찾아 탈출해야 하는 게임이었다. 웬만큼 문제를 해결해서는 절대 끝나지 않는, 문제의 방이 연속되어 흥미진진하다. 문득 우리의 삶도 하나의 문제를 해결하고 나면 그 다음 문제를 해결해야 하는 게 방 탈출과 비슷하다는 생각이 들었다.

4. 전동 킥보드 타기

젊은 사람들이 전동 킥보드를 타고 '쌔앵~' 하고 지나갈 때면 '참 편리하고 신나겠다.'라고 생각했다. 연남동에서 만나기로 한 딸이 전동 킥보드를 타고 나타났다. 어릴 때 스케이트도 타고, 롤러스케이트도 타고 자전거도 타고 놀았는데 '이까짓 거!' 하고 나도 잠깐 타 봤다. 운동신경이 되살아나는 것 같았다.

그때 잠깐 타 본 경험으로 코로나19가 유행하기 바로 전에 다녀온 인도, 포르투갈 여행 때 리스본의 테주 강변을 머리카락 휘날리며 싱싱 달렸다. 그때 정말 멋있었을 것 같았는데, 혼자 여행 중이어서 사진을 못 남겼다.

그래도 해외에서 전동 킥보드를 내가 탔다. 그것으로 되었다.

5. 승마

오로지 고삐만 쥐고 말과 교감하며 달리는 승마도 제주도의 자연 풍경과 더불어 아름답게 기억된다. 말은 자신의 등에 탄 사람이 편안해하는지 두려워하는지 느낀다고 했다. 그래서 내 말에게 끊임없이 텔레파시를 보냈다.

'널 좋아해. 너도 편안했으면 좋겠어. 우리 함께 가자.'

승마하는 곳은 영화 〈폭풍의 언덕〉의 한 장면이었다. 나는 말 위에서 서정적인 풍경에 휩싸여 영화 주인공이 되었다.

그밖에도 소소한 글쓰기와 여행 다니며 그림 그리기, 책 읽고 얘기 나누기, 스키, 루지, 당구, VR……. 세상에, 재밌는 것들이 너무 많이 있네. 이번 여름에는 춘천에 가서 파크 골프를 치고, 강에서 하는 레포츠를 할 계획이다. 살살해야지.

죽을 때까지 재미있는 일들을 찾으며 살고 싶다. 어릴 때부터 줄곧 재미를 찾아다녔지만 사실 재미있는 것은 따로 있는 것이 아니라, 내가 하는 일들을 신나게 하는 것이었다.

함께 앉아서 밥 먹는 사람과 대화하며 마주 보고 웃는 것, 진심을 다해 일하는 것, 어디를 가더라도 신이 나서 통통 뛰어가는 것, 우울할 때 거울 보고 씨익 웃는 것, 한강을 달리는 차 안에서 창문을 열고 소리 지르는 것 등.

그러고 보니 살아있는 것 자체가 재미있나 보다. 인생이 얼마나 예측 불허한 쫄깃한 방 탈출인가!

'추리소설 이제 필요 없다'.

무엇이 나타날지 모르는 내일이라 기대된다.

'내일은 또 뭘 하고 놀까?'

라라조이의 언어 사전 04

[길]

사전적 의미 :
1. 사람이나 동물 또는 자동차 따위가 지나갈 수 있게 땅 위에 낸 일정한 너비의 공간.
2. 물 위나 공중에서 일정하게 다니는 곳.
3. 걷거나 탈것을 타고 어느 곳으로 가는 노정.
- 표준국어대사전 -

라라조이의 의미 :
함께 걸어가는 인생.

같이 걸어가자

어차피 인생은 혼자 사는 거라고 하지만 좋은 사람들과 함께 걷는 인생길은 훨씬 덜 힘들 것이다.

이리 와. 내 손을 잡아줘.
그리고 내가 너의 손을 잡아줄게.

우리가 함께 가는 길에 밥도 먹고, 똥도 누고, 꿈도 꾸고, 꽃도 피우며 그렇게 같이 걸어가자.

epilogue

부치지 않은
다섯 통의 편지

크리스마스 행사에 기부할 물건이 있나 찾기 위해 제일 깊은 서랍을 열었다.
언제부터인가 물건들을 정리하고 또 정리하고 해서 이제 쓸 만한 물건들은 이미 다 기부하고 없었다. 원래는 어릴 때 친구들과 나눈 쪽지 하나도 버리지 않는 성격이었는데.

서랍 속에서 예전에 정 많은 친구가 준 통영 누빔 주머니가 나왔다.
안에 든 것은 누런 봉투다.

봉투 겉면에는 이렇게 쓰여 있다.

'이것은 김희숙이 잠에서 깨어나지 않을 때를 위한 것입니다. 그때 전해주십시오.'

아버지가 가고, 오빠가 가고, 언젠간 나에게도 오겠지 하던 순간이 생각보다 빨리 왔을 때, 나는 순하게 받아들일 준비가 되었던 것 같다.
첫 번째 암 진단을 받고 급하고 거칠게 주변을 정리하고, 수술실로 들어가기 전 병실에 둔 내 핸드백 안에 넣어놓았던 봉투였다.

다섯 통의 편지.

한 통은 이 세상에 딸 하나 남은 나의 엄마에게
한 통은 남편에게
한 통은 아들에게
한 통은 딸에게
한 통은 나와 인생을 함께했던 많은 친구들에게

이 편지들을 쓰던 순간이 떠올랐다. 하지만 이 다섯 통의 편지는 하나도 전달되지 않았다. 내가 수술 후 정신이 들자마자 편지를 숨겼기 때문이다.

그 후에도 또 이 편지가 필요할 뻔한 순간들이 있었다. 하지만 나는 그것을 병원에 가져가지 않았다. 그저 내 서랍 속에 두었을 뿐이다. 편지가 다 무슨 소용인가 싶어서.

그 후 나는 몇 번 더 벌떡 일어나 병원을 나왔다. 마치 피닉스처럼.

병원에 갈 때면 늘 들어서기 전 나뭇잎들이 바람에 흔들리는 게 잘 보이는 벤치에 앉아 수첩을 꺼냈다. 그리고 두 가지 경우의 수를 표시했다. 하나의 만약마다 '나는 어떻게 살 것인가'를 적었다.

그때 내가 깨달은 것은 살고자 희망하는 삶의 모습은 어떤 경우라도 똑같다는 것이었다.

'그냥 나답게 사는 것.'
'그냥 오늘처럼 모든 날을 사는 것.'

나는 그저 오늘을 걷는다.
비가 오나
눈이 오나
바람이 부나

해가 밝은 날에도
그저 살아있으니 걷는다.

그 길의
빗방울이
흰 눈이
시원한 바람이
빛나는 햇살이
내 걸음 앞에 굴러간다.

인생의 가을길이 어찌 이다지도 화사하단 말인가.

나, 밥 안 할래!
나답게 살기 위한 61세 독립선언서

1판 2쇄 발행 2022년 8월 31일

지은이 김희숙
펴낸이 조진희
편집자 금정화, 유지현

디자인 디자인생선가게

펴낸곳 아미북스
출판등록 제2019-000080
주소 서울 성동구 성수이로24길 37 5층
전화 02-3673-2220　**팩스** 02-3673-2226
이메일 cho7662@naver.com
인스타그램 amibooks_official

ⓒ 김희숙 2021
ISBN 979-11-969852-6-4

＊이 책의 저작권은 아미북스에 있으며 무단 전재나 복제는 법으로 금지되어 있습니다.
＊잘못된 책은 구입하신 곳에서 교환해드립니다.

  이 책은 FSC인증, 친환경용지에
콩기름 잉크로 인쇄되었습니다.